창의적 발상

조용수 지음

문운당

머리말

지난 세월동안 접했던 대부분의 사람들은 창의력은 하늘에 뚝 떨어지거나 생각이 독특한 사람만의 소유물로 착각한다. 즉 뉴턴(Isaac Newton), 아르키메데스(Archimedes), 아인슈타인(Albert Einstein) 같은 사람들만의 전유물로 본다.

선천적이거나 독특하지 않는 일반인은 항상 창의력과 무관한 사람으로 스스로 생각하는데, 이런 사실의 고착은 참 가슴 아픈 현실이다.

하지만 대부분의 사람이 창의력이 없는 것이 아니라 내재된 창의력을 표출하는 방법을 모른다는 사실과 모든 사람들이 창의적인 생각으로 함께 살아가는 사회를 꿈꾸며, 그 기반으로 3년 전에 한국국제대학교 교양과정에 '창의적 발상'이라는 강좌를 개설하게 되었다.

본 저서는 3년 동안 강의해 온 자료에 수정 및 보완을 통해 만들어지게 되었으며, 대부분의 내용은 앞선 선각자들의 자료와 지식을 참조하여 형성되었음을 밝히며 머리 숙어 감사드린다.

개략적인 내용은 창의력의 개념과 창의적 발상법으로 대별할 수 있으며, 여러 가지 발상법을 실습 수행의 필요성을 위해 부록에 관련 실습일지를 첨부하여 이론과 적용 그리고 실습을 수행할 수 있도록 배려하였다.

저자는 잘못된 창이력이 사고가 수정되고, 자신의 영역에서 창의적인 발상이 적용됨과 동시에 창의력으로 우리 사회 전반이 풍성해지는 것을 고대한다.

본 저서가 발행될 수 있도록 도와주신 모든 분들과 문운당 관계자 여러분에게 지면을 통해 감사드립니다.

2017. 8.

상문골 연구실에서

목 차

제 1 장

우리의 위치는?

한국과 우리의 창의력을 파악하기 위해 아래의 질문에 대해 성실하게 답해 봅시다.[1)]

1. 대한민국은 행복한 나라인가?

1) UN이 세계 156개국을 대상으로 조사한 후 발표한 세계행복보고서(2013)에서 한국의 행복지수는 어느 정도일까?

2) 경제협력개발기구(OECD)가 회원국을 대상으로 조사・발표(2012)한 결과, 한국의
   ① 행복지수는 어느 정도일까?
   ② 소득의 불평등지수는 어느 정도일까?
   ③ 삶의 만족도에 대한 주관적 평가에서 불평등 지수는 어느 정도일까?
   ④ 필요할 때 의지할 수 있는 사람이나 조직이 있는가를 묻는 조사의 서포트 네트워크(support network) 지수는 어느 정도일까?

2. 대한민국은 경쟁력이 있는 나라인가?

1) 스위스 국제경영개발연구원(MD)이 29개 OECD국가와 18개 신흥공업국 및 시장경제 참여국을 대상으로 한 조사보고서(2013)에서 '한나라의 경제 환경 및 여건이 지속적으로 부가가치를 창출하여 국부를 증가시킬 수 있는 능력을 평가'한 결과에서 한국의 위치는 어디일까?

2) 세계 3대 경쟁력 평가기관인 산업정책연구원(IPS)이 62개국을 대상으로 한 '국가경쟁력 평가(2012−2013)'에서 한국의 위치는 어디일까?

---

1) 본 내용은 권영걸, 나의 국가디자인전략, 김영사, 2013, p.4−9의 내용을 토대로 재작성 되었음

3. 대한민국은 문화강국인가?

대통령 직속 국가브랜드위원회와 삼성경제연구소가 OECD 회원국 및 G20 국가를 포함한 50개국을 대상으로 실시한 '국가브랜드지수(2012)' 평가에 의하면,

1) 현대문화 항목에서 한국의 위치는?
2) 전통문화 항목에서 한국의 위치는?
3) 대외이미지 항목에서 한국의 위치는?

4. 대한민국 국민의 뇌력(腦力)은 어떠한 수준인가?

1) 영국 얼스터 대학(university of Ulster)의 리처드 린(Richard Lynn)과 핀란드 헬싱키 대학의 타투 반하넨(Tatu Vanhanen)의 연구팀이 세계 185개국을 대상으로 조사한 '국가별 평균 지능지수(2004)'에서 한국의 위치는?
2) OECD 36개 회원국을 대상으로 실시한 학업 성취도 국제 비교연구(PISA)의 청소년 핵심 역량지수(2012)를 보면,
   ① 지적역량에서 한국은 어디일까?
   ② 사회적 상호작용 역량에서 한국은 어디일까?
3) 서울대 한국인적자원연구센터가 OECD 회원국을 대상으로 조사한 '글로벌 인적자원개발(HRD) 경쟁력' 순위에서 한국의 위치는?

5. 대한민국은 국민의 창의성을 신장시키는 나라인가?

1) 창의 도시 이론가 리처드 프로리다(Richard Florida) 교수가 연구책임을 맡고 있는 토론토 대학(unversity of Toronto)의 마틴 프로스페리티 인스티튜트(Martin Prosperity institute)가 세계 82개국을 대상으로 R&D 투자, 연구자 비율, 특허출원 비율, 재능 및 교육 수준, 타 인종이나 성 소수자 등에 대한 관용성 등을 기준으로 조사한 '글로벌 창의성 지수(global creativity index)'를 조사하여 발표(2011)했는데, 한국의 위치는 어디일까?

6. 대한민국에서 어린이와 노인은 존중되고 있는가?

1) 23개 OECD를 대상으로 한 '어린이ㆍ청소년 행복지수 국제비교(2012)'에 따

르면 한국 어린이의 주관적 행복지수는 어느 정도일까?

2) 국제 비정부기구(NGO)인 세이브 더 칠드런(Save The Children)과 서울대학교, 동아일보가 공동 기획한 '어린이 행복 종합지수'에서 자신이 어른으로부터 존중을 받고 있다고 답한 한국의 어린이는 몇 %일까?

3) 대한민국 노인은 행복한가? 노인의 삶의 질과 복지 수준을 국제적으로 비교 측정하는 헬프 에이지 인터내셔널(Help Age International)이 조사 발표한 '글로벌 에이지 워치(global age watch) 지수'에 따르면, 한국의 노인복지 수준은 조사대상 91개국 중에서 어디에 위치하고 있을까?

① OECD 34개 회원국 중에서는 어디에 위치하고 있을까?

② 연금수입 등 소득 상황이 반영된 노인 소득 안전성 지수에서 한국은 91개국 중에서 어디에 위치하고 있을까?

7. IT 강국 대한민국의 위상은 확고한가?

1) 유엔 전자정부 조사(E-government survey)에 의하면 '국가별 전자정부 발전지수(2012)'에서 한국의 위치는 어디일까?

2) 국제전기통신연합(ITU)이 조사 발표한 'ICT 발전지수(2011)'에서도 한국의 위치는 어디일까?

3) 미국의 소프트웨어 저작권 보호단체인 비지니즈 소프트웨어 얼라이언스(BSA)가 조사한 'IT 산업 경쟁력 지수(2011)'에서 한국의 위치는 어디일까?

8. 대한민국은 건강하고 지속가능한 나라인가?

1) 세계경제포럼(WEF)이 146개국을 대상으로 조사한 '환경 지속성 지수(ESI)' 결과(2012)에서 한국의 위치는?

2) 유럽위원회 공동연구센터(European Commission's Joint Research Center)와 네덜란드 환경영향평가청(Netherlands Environmental Assessment Agency)이 공동 조사한 국가 온실가스 배출량 조사(2010)에 의하면 최악의 온실가스 배출국에서 한국의 위치는?

9. 진정 우리의 소원은 통일인가?

1) KBS 남북협력기획단이 전국 성인 남녀 1,027명을 대상으로 조사(2012)한 결과,

   ① 우리의 통일에 대한 관심도는 얼마 정도일까?

   ② 교류협력을 통한 공존상태 유지와 아예 통일이 되지 않는 편이 더 낫다는 응답은 얼마 정도일까?

2) 현대경제연구소의 통일인식조사(2013) 중 '통일이 필요 없다'는 응답의 결과에서,

   ① 20대가 점하는 비율은?

   ② 30대가 점하는 비율은?

부탄에게 물었다, 어떻게 행복한거니?

KBS NEWS

뉴스 TV엔 없다 프로그램

최신뉴스 | 황 대행 "김정남 피살, 김정은 정권 잔학성·반인륜성 보여줘"

뉴스 > 국제 > 인터넷 뉴스

[영상] 부탄① 부탄은 어떻게 '행복의 나라'가 되었나

입력 2016.12.27 (12:22) | 15,538 인터넷 뉴스

표준 화질 고화질 키보드 컨트롤

공감 24 댓글 1

인구 75만 명, 3천 달러에도 미치지 못하는 1인당 국민 소득.
히말라야 산맥 속 작은 나라 부탄.

부탄 정부가 2008년 도입한 '국민행복지수(GNH : Gross National Happiness)'라는 개념은 국가 정책의 기본 틀이다. 이 때문일까. 2010년 유럽 신경제재단(NEF)의 행복지수 조사에서 부탄은 전 세계 국가 중 1위를 차지했다. 실제로 부탄 국민 10명 중 9명은 현재의 삶이 "행복하다"고 말한다.

4대 왕인 지그메 성예 왕추크는 '국민행복지수'를 처음으로 도입했는데, 기본정신은 '행복은 국민과 국가가 추구해야 할 최고의 목표다'

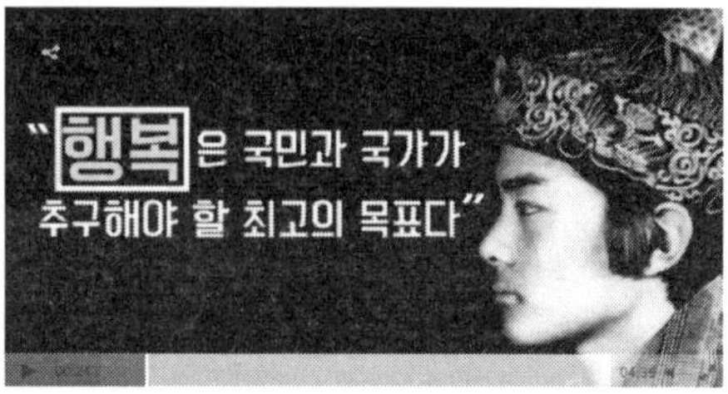

국민총행복지수(GNH, gross national happiness)는 1974년 도입된 부탄의 국정목표로 '건강, 심리적 만족감, 환경 등 9개 지표로 매년 측정한 국민행복도를 국가정책'에 반영

1999년에 TV가 도입, 담배제도와 판매는 국법으로 금지

헌법 제9조에 '정부는 국민총행복을 추구할 수 있는 제반조건을 증진시키기 위해 노력해야 한다'고 못 박고 국민행복의 정보를 측정하기 위해 교육, 심리적 안정, 건강, 문화적 다양성을 포함하는 9개 항목 33개 세부항목을 제정.

부탄에선 규제조차도 '국민의 행복'을 위한 것으로 국토의 60%가 숲으로 유지돼야 한다

매주 하루 차량운행을 금지(가족, 친구, 동료와 함께 걷는 날)

막대한 경제적 이익이 기대되는 사업이 있어도 그들의 헌법적 가치에 배치된다면 그들은 단호히 거부한다.

선진국들이 원조의 손길을 보내도 국가의 정체성이 훼손될 수 있다는 이유로 거절해 온 나라.

지상에서 유일하게 자신의 의지로 근대화를 늦추고 있는 특별한 나라.

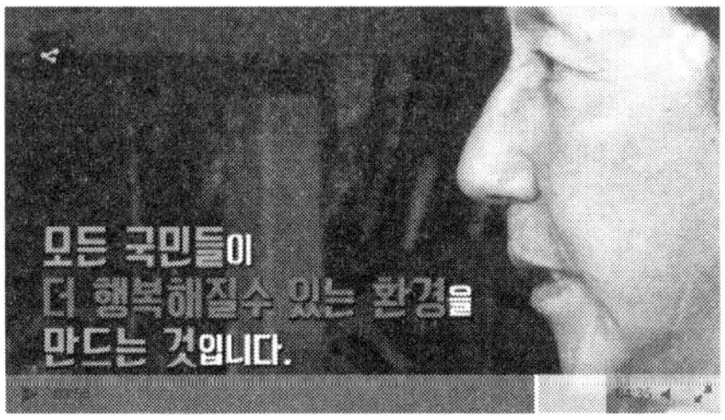

그 결과, 경제개발의 지표인 국민총생산보다 국민총행복이 중요하다면 삶의 다른 측면이 더욱 풍성해지게 된다.[2]

2) KBS, 2016. 12. 27일자 보도내용과 KBS에서 주한 부탄 대사인 소남 톱덴 랍게와의 대담 내용 중 일부분 발췌

전체적이고 상호적인 맥락의 이해, 게슈탈트 심리학

1. 정의

게슈탈트 심리학(gestalt psychology)은 전체로서의 형태, 모양이라는 의미를 지닌 독일어 '게슈탈트'를 뜻하며, 전체로 부분의 합 이상이며 인간은 개별적 부분의 조합이 아닌 전체로 인식하는 심리학파이다. 게슈탈트 심리학은 인간이 지각된 내용을 하나의 전체로 통합하고, 분리된 자극을 어떠한 유형으로 통합하는지 연구하며 학습, 기억, 문제해결 등의 지적 활동에서 지각 중심적인 해석을 강조하여 인지심리학 발달에 큰 영향을 미쳤다.

2. 역사 및 연구배경

게슈탈트 심리학은 1900년대 초 독일에서 발전한 심리학 사조로 구성주의 심리학에 반대해 지각된 내용을 하나의 전체로 통합하고 분리된 자극을 의미 있는 유형으로 통합하는데 초점을 둔 심리학이다. 독일의 베르트하이머와 쾰러, 그리고 코프카 등에 의해 이론화되었으며 구조주의 심리학 사상에 반하여 다양한 지각현상을 보여주었다.

3. 지각체계화 원리 '지각적 조직화'

베르트하이머는 지각에서 점이나 선으로 된 간단한 도형을 사용해 형태 지각의 원리를 확정했으며 나아가 기억, 학습, 사고, 집단 형성 등에도 이러한 원리가 적용됨을 증명하였다. 이때 사용된 형태 지각의 원리는 우리가 사물이나 현상을 지각할 때 기본적으로 떠오르는 형태를 보는 원리를 말한다. 게슈탈트 심리학자들은 이를 경험과 무관한 일종의 내재적인 법칙이라 보며, 지각적 조직화 원리는 사람들이 작은 부분들을 전체로 체계화하는 방식을 명시한다.

4. 게슈탈트 법칙

하나. 근접의 법칙(law of proximity)

개인이 사물을 인지할 때 가까이에 있는 물체들을 하나의 그룹으로 인지하여 받아들이는 법칙.

아래의 그림에서 왼쪽 36개의 동그라미는 하나의 그룹으로 오른쪽 36개의 그룹은 각 12개씩의 3개 그룹으로 인지

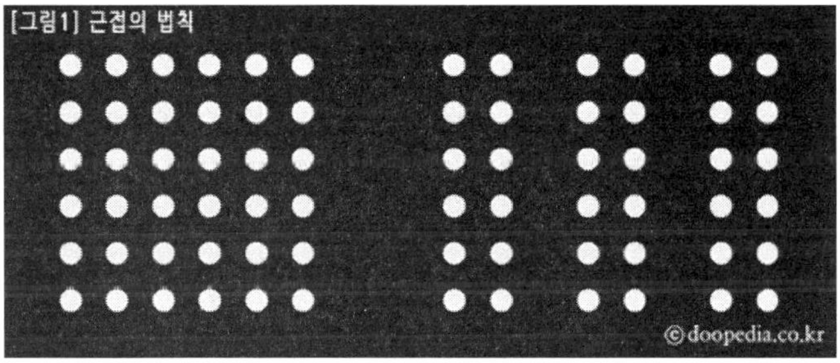

[그림1] 근접의 법칙

둘, 유동의 법칙(law of similarity)

서로 비슷한 것끼리 한데 묶어서 인지하게 된다는 법칙.

아래의 그림에서 형태가 같은 도형인 사각형은 사각형끼리, 원은 원끼리 그룹으로 인지

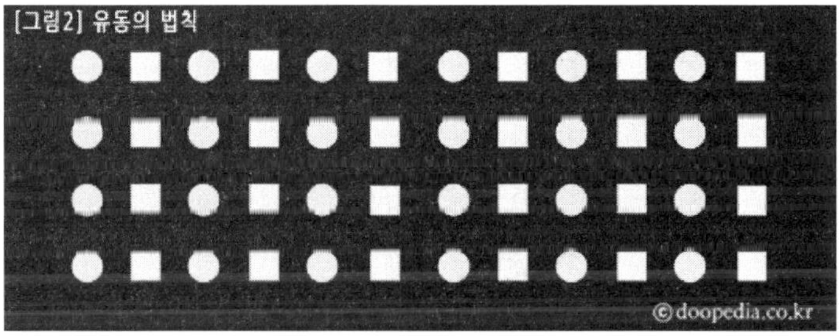

[그림2] 유동의 법칙

셋, 폐합의 법칙(law of closure)

미완성의 도형도 기존에 축적된 지식을 바탕으로 인지하는 법칙.

다음 그림에서 미완성의 도형도 동그라미, 사각형, 삼각형 등의 완성된 형태의 도형으로 인지

[그림3] 폐합의 원칙

넷, 대칭의 법칙(law of symmetry)

조금 떨어진 위치에 놓인 대칭 이미지라도 하나의 그룹으로 인지하는 법칙. 아래 그림에서 떨어진 위치의 동그란 원도 짝 지어진 하나의 그룹으로 인지

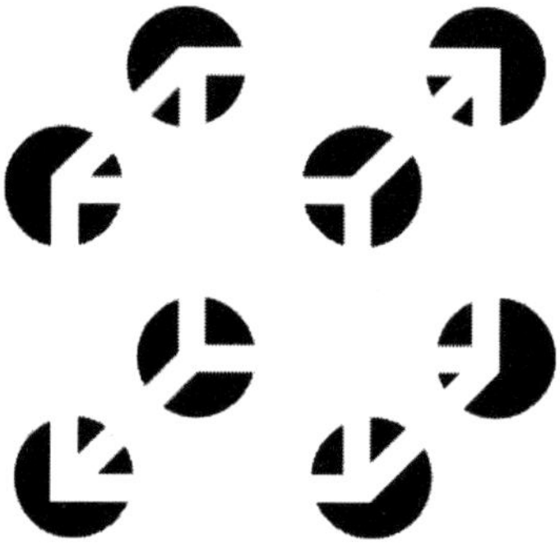

다섯, 공동운명의 법칙(law of common fate)

동일한 방향으로 움직이는 이미지를 하나의 그룹으로 인지하는 법칙.

여섯, 연속의 법칙(law of continuity)

어떤 이미지들이 일정한 방향성을 가지고 이어질 때, 고유한 특성으로 인지되어 직선 또는 곡선을 따라 배열된 하나의 그룹으로 인지하는 법칙.

일곱, 좋은 형태의 법칙(law of good gestalt, law of pragnanz)

간결성의 법칙으로도 불리며, 동일한 조건인 경우 최대한 단순하게 이미지를 인지하는 법칙.[3]

3) 김경희, 게슈탈트 심리학, 학지사, 2000에서 발췌

참고하기 2

「장미의 이름과 욕망」

최근 1,000년 사이 인류 역사에 가장 큰 영향을 끼친 발명을 선정하면 구텐베르크의 인쇄활자가 대부분 1위를 차지한다. 최근 1,000년 사이에 인류에게 가장 많은 영향을 끼친 사람도 구텐베르크가 1위로 선정된다. 구텐베르크의 활자를 통해 인류는 처음으로 정보를 대량복제하고 공유할 수 있었기 때문이다. 인쇄기 활자 이전까지 정보와 지식은 귀족과 성직자만의 소유한 권력의 원천이었다. 성경은 필사본을 통해 만들어졌으며 스승이 제자에게 밀의로 전수하던 부와 권력의 원천이었다.

부의 근원은 지식이기에 동서양을 막론하고 지배계급이 하층민의 문자생활을 제어했다. 움베르토 에코(Umberto Eco)의 소설 '장미의 이름(The name of the rose)'은 아리스토텔레스의 시학 공개와 공유를 두려워하며 철저하게 정보 독점과 지식의 벽을 쌓으려던 지배계층의 모습을 잘 표현하고 있다. 고작 책 한권이라고 폄하할 수 없는 것이 그 한권의 정보공유가 인류역사를 바꾸었기 때문이다.

「장미의 이름」은 1327년 11월에 이탈리아 멜크 수도원에서 벌어지는 살인사건에 대한 이야기다. 소설 속에 등장하는 멜크 수도원은 당시 시대상을 보여주는 상징적 장소다. 당시는 로마교황과 제국의 황제가 세속적 욕망과 권력을 둘러싸고 다툼을 벌이는 시대였다. 교황과 프란체스코 수도회 사이에는 청빈논쟁이 일어나고, 베네딕토 수도회는 제국과 교황 사이에서 회색분자처럼 모호한 입장을 취했다. 수도원의 수도사들은 음모와 타락, 독선, 광기의 어두운 모습을 보여준다. 무척 화려한 수도원과 도서관의 뒤편은 음침하고 음울하다. 호르헤 수도사는 아리스토텔레스의 시학 희극편을 보고 사람들이 웃는 감정조차 통제하고자 했다. 호르헤 수도사의 집착은 결국 죄의식 없는 많은 살인으로 이어졌는데, 이는 비극이다.

소설에서 다루는 소재는 아리스토텔레스의 시학 2편인 희극이지만 정작 소설의 내용은 시학 1편인 비극이 펼쳐진다. 아리스토텔레스 역시 비극이 서사시보다 우월하다고 말했는데, 이는 비극이 가진 인간의 본성에 기인한다. 그는 비극에서 등장인물의 연민과 공포를 불러일으키는 일련의 사건을 통해 오욕칠정의 정화를 성취할 수 있다고 보았다. 무지에 의한 행위는 불행을 불러오고, 이러한 비극은 인간의 약점이기에 관객에게는 공감대를 형성하는 미적 요소로 작용한다고 보았다. 그래서 비극은 추하고 슬픈 것이 아니라 아름다운 것이며 연민과 공포가 아닌 쾌감으로 정화된다고 말한 것이다.

이러한 아리스토텔레스의 주장을 가장 잘 구현한 것이 바로 「장미의 이름」이라는 소설이다. 에이도스와 휠레만으로는 충분하지 않고 에네르게이아로 완성태에 도달하는 것처럼 기호학자이자 미학자인 움베르토 에코는 아리스토텔레스가 말한 지적 쾌감을 「장미의 이름」에서 구현하고 있다.[4)]

4) 김중태, 욕망을 측정하라, 미래의 부를 지배하는 소비자욕망의 측정법, 한스미디어, 2012, p.13-6.

제2장 FCB 모델 이해하기

1. FCB 모델이란?

미국 광고대행사인 FCB(Foote, Cone & Belding)의 광고전략 모델로서 후에 부사장을 역임한 조사전문가였던 리처드 본(Richard Vaughn)이 완성한 모델이다.

2. FCB 모델을 구분하는 기준

1) 관여도(상 · 하 공간으로 구분)

관여도(involvement)란 어떤 의사결정이 자신과 얼마나 관련이 있으며, 중요한지 그리고 그에 따라 의사결정이 잘못되었을 때 얼마나 큰 손실이 큰지를 의미한다. 즉 관련이 많고, 중요하며 자각되는 손실이 크다면 고관여이며 반대인 경우는 저관여이다.

- 지속적 관여 : 제기된 사안이 지속적으로 자신에게 높은 관련성이 있다고 인식되는 경우
- 상황적 관여 : 수용자가 처한 당시의 상황이 일시적으로 그의 관여의 수준을 높이거나 낮추는 경우

2) 두뇌이론(좌 · 우 공간으로 구분)

두뇌이론(brain theory)은 인간의 좌우 두뇌가 각기 분화되어 상이한 정보처리 과정을 거친다는 이론이다. 좌뇌는 주로 이성(thinking)과 관련되어 논리적 판단이나 언어 등을 관장한다. 그에 반해 우뇌는 감성(feeling)으로 좀 더 직관적이고 시각적인 것을 담당한다. 예를 들면 이성적 판단을 내릴 때는 좌뇌가 작동을 하며, 감성이나 느낌이 강조될 때는 우뇌가 작동한다.

3. FCB 모델 이해하기

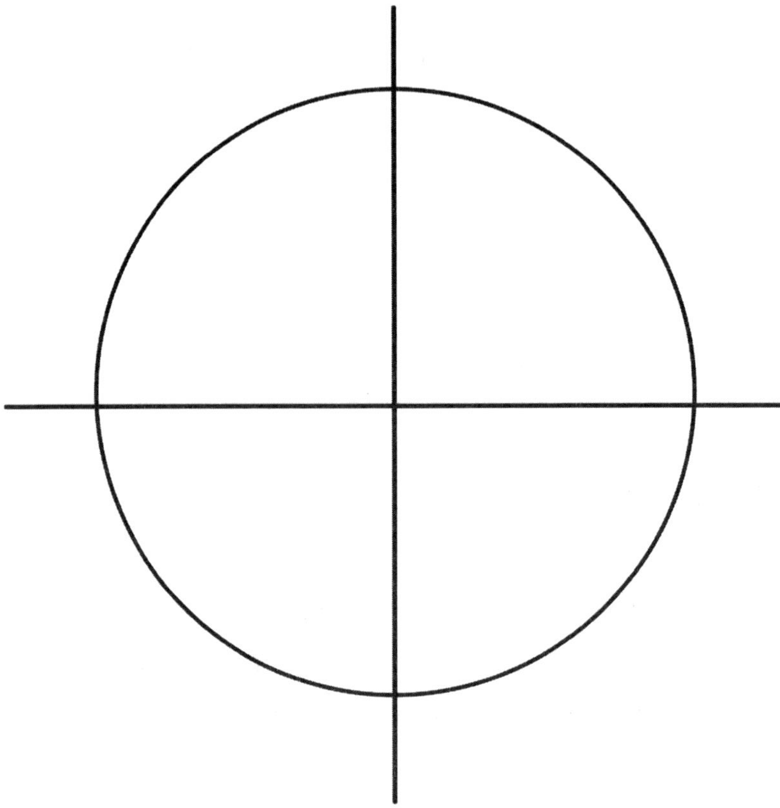

4. FCB 모델 적용하기

1) 다음 사항을 보고 연상하기

ㅇ	ㅎ	ㅅ	ㅁ	ㄱ	ㅌ	ㅇ
ㅃ	ㅈ	ㄴ	ㅊ	ㅍ	ㄴ	ㅂ
ㄷ	ㄹ	ㅁ	ㅍ	ㅅ	ㄹ	ㅅ

2) 영역을 바꾸어 새롭게 탄생한 예를 찾아보기

IQ, EQ 그리고 다중지능

1. IQ에서 벗어나면 인생이 달라진다.

지금까지 지능이라고 하면 보통 지능지수(IQ, intelligence quotient)를 가리켰다. IQ는 1905년 이래 100년 가까이 인간의 능력을 평가하는 절대적인 기준이었다. 그러나 1960년대 이후 IQ에 대한 많은 문제점이 지적되면서 이 지위는 흔들리기 시작했다. IQ는 인간의 정신 능력을 종합적으로 나타내는 지수가 아니라 기본 정신 능력인 7가지 지적 능력을 측정하도록 설계되어 있다. 제임스 길포드는 인간의 지적 능력이 최소 120여 가지 능력의 조합이라고 규정했는데 그에 따르면 IQ 검사는 120분의 7에 해당하는 능력을 측정한 것에 불과하다. 게다가 이 7가지의 능력은 모두 지적인 부분에만 해당될 뿐 사회적 능력이나 정서적 능력까지 측정할 수 있는 것이 아니다. 삶의 전반적인 적응 능력에는 남들과 잘 어울리고 타인을 수용하는 사회적 능력, 자신의 감정과 정서를 조절하고 관리하며 통제하는 능력도 포함된다. 그러나 IQ로는 이러한 것들을 알 수 없다.

대개 사람들은 IQ가 높으면 성적이 좋고, 그래서 향후 성공 가능성이 높을 거라고 생각한다. 그러나 연구 자료에 따르면 IQ가 높은 사람 중 약 20%만 사회적으로 성공을 거둔다. 즉 IQ 말고도 사회적 성공을 결정하는 요인인 인내심, 지구력, 주의 집중력, 좋은 성격, 대인관계 등도 고려되어야 하는 것이다.

이론적으로 따지면 전체 사람들 중 절반은 IQ가 99 이하이다. 그러나 사람들은 두 자릿수의 IQ가 나오면 자신은 머리가 나빠서 공부를 못할 것이라고 생각하거나 주위 사람들조차 그들의 가능성을 무시하곤 한다. IQ 검사 자체의 신뢰성 역시 그다지 높지 않다

2. EQ의 도전

IQ 이후에 나온 것이 EQ(emotional quotient)로 일컬어지는 감성지능 지수이다.

감성지능은 자신의 감정에 대한 이해 능력, 다른 사람에 대한 감정이입 능력, 스스로 장점을 조절할 수 있는 능력을 의미한다. 심리학자 대니얼 골먼(Daniel Goleman)은 인생의 성공을 결정하는데 감성지능이 IQ보다 더 결정적인 역할을 한다고 말한다. 조직생활을 할 때도 EQ가 높으면 적응을 잘하고 원만한 대인관계를 유지할 수 있으며, 스스로 동기부여를 하고 일을 끝까지 추진할 수 있다는 것이다. 대니얼 골먼은 「EQ 감성지수」라는 책을 통해 IQ는 인생에서의 성공과 출세를 20% 내외로 설명할 뿐이고 나머지 80%는 EQ에 의해 설명할 수 있다고 주장했다.

이러한 이유로 IQ와 EQ를 함께 발달시켜야 한다는 이론이 등장했다. IQ는 합리적인 사고능력을 측정하는 것으로 기억력, 이해력, 추리력, 계산력, 창의력 등이 주요 측정 대상이 된다. 일반적으로 똑똑하고 영리한 사람일수록 IQ가 높다고 말한다. 한편 EQ는 감정을 다스릴 줄 아는 통제능력을 측정하는 것으로 인내심, 지구력, 충동 억제력, 용기, 절제력, 감정이입 능력이 그 측정 대상이다. 참을성 있는 사람, 신념과 용기가 있는 사람, 자기 절제를 잘하는 사람일수록 EQ가 높다.

EQ 이론이 등장하면서 인간의 논리수학적 능력만 측정하는 IQ 이론의 한계성을 어느 정도 극복할 수 있게 된 셈이다. 게다가 그동안 지능연구에서 무시되었던 인간의 정서가 중요하게 대두되면서 감정을 잘 조절하고 다른 사람의 감정을 잘 읽는 능력까지도 지능으로 평가받기 시작했다. 하지만 EQ 이론은 IQ와 마찬가지로 EQ 하나만으로는 인간의 지능을 완벽하게 설명할 수 없다는 한계를 지닌다.

3. 다중지능이 새롭게 등장하다.

하버드 대학의 교육심리학과 교수인 하워드 가드너(Haward Gardner)는 IQ와 EQ를 넘어 인간의 다양한 능력을 지능으로 보는 '다중지능이론(MI, multiple intelligence)'을 제기했다.

다중지능이론은 인간의 지능은 한 가지가 아니고 사람에 따라 강한 지능과 약한 지능이 있으며, 강한 지능은 더 강하게, 약한 지능은 평균 수준으로 끌어올려야 한다는 것을 핵심 내용으로 하고 있다. 하워드 가드너에 따르면 인간의 지능은 언어, 논리수학, 음악, 공간, 신체운동, 인간친화, 자기성찰, 자연친화 등 8가지로 나뉜다. 이 이론에 따르면 사람들은 모두 강점 지능과 약점 지능을 가지고 있다. 피아노 연주를 잘하는 사람은 음악지능이 높은 것이고 운동을 잘하는 사람은 신체운동지능이 높은 것으로 볼 수 있다.

IQ 이론에 따르면 수학문제를 잘 풀고 역사를 줄줄이 외우며 외국어를 잘한다면 일단 지능이 높다고 볼 수 있다. 하지만 노래를 잘하거나 그림을 잘 그리고 운동을 잘하는 사람에게 지능이 높다고 하지 않는다. 무용가나 연주가의 경우 영어단어는 잘 못 외워도 무용 스텝이나 악보는 기가 막히게 잘 외운다. 또한 역사적 사실은 잘 외우지 못해도 야구타자들의 타율은 쭉 꿰고 있는 사람도 있다. 이러한 사실들을 연구해 보면 IQ 이론의 주요 측정대상인 기억력은 기억하는 내용에 따라 크게 차이가 나는 것을 알 수 있다. 그러므로 기억하는 능력과 기억하는 내용은 분리해야 한다.

이런 측면에서 사람의 다양한 능력을 모두 지능으로 인정해야 한다는 다중지능이론이 설득력을 얻게 되었다. 우리가 천재라고 생각하는 아인슈타인은 수학능력은 뛰어나지만 다른 사람과 의사소통은 장애가 많은 밀더듬이었다. 다중지능이론에 따르면 아인슈타인은 논리수학지능은 뛰어나지만 언어지능은 낮다는 것을 알 수 있다. 「무정」으로 유명한 소설가 이광수도 언어의 마술사라는 칭송을 들었지만 대인관계나 운동능력은 형편없었다. 이러한 사례를 볼 때 자신이 가지고 있는 다중지능을 어떻게 개발하느냐에 따라 인생의 성공 여부가 결정된다고 할 수 있다.

사람은 모두 8가지 지능을 가지고 태어난다. 다만 개인에 따라 강점지능이 차이가 나기 때문에 어떤 사람은 시인으로, 어떤 사람은 음악가로 인생을 살아가는 것뿐이다.[5)]

---

5) 문용린, 평범한 사람도 비범한 성취를 가능케 하는 지력혁명, 비즈니스북스, 2016, p.23-6.

왼손잡이 사회를 대비하자

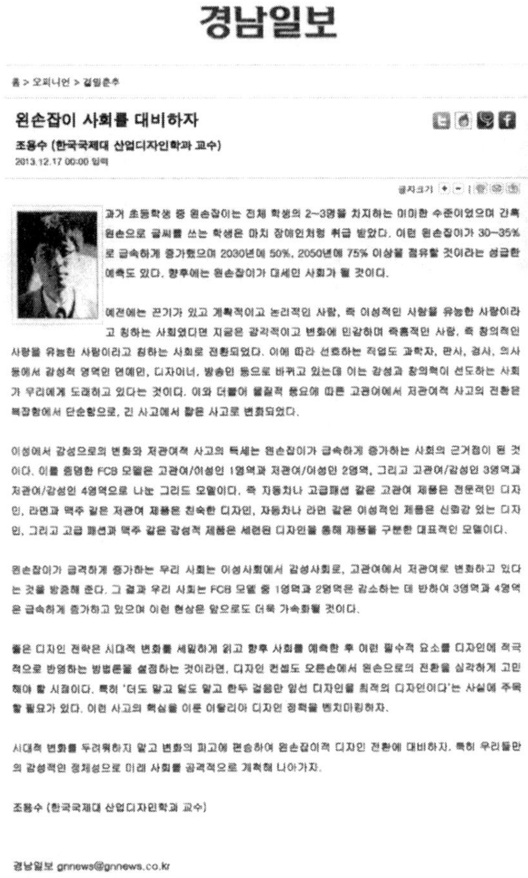

경남일보

홈 > 오피니언 > 경일춘추

왼손잡이 사회를 대비하자

조용수 (한국국제대 산업디자인학과 교수)

2013.12.17 00:00 입력

글자크기

과거 초등학생 중 왼손잡이는 전체 학생의 2~3명을 차지하는 미미한 수준이었으며 간혹 왼손으로 글씨를 쓰는 학생은 마치 장애인처럼 취급 받았다. 이런 왼손잡이가 30~35%로 급속하게 증가했으며 2030년에 50%, 2050년에 75% 이상을 점유할 것이라는 성급한 예측도 있다. 향후에는 왼손잡이가 대세인 사회가 될 것이다.

예전에는 끈기가 있고 계획적이고 논리적인 사람, 즉 이성적인 사람을 유능한 사람이라고 칭하는 사회였다면 지금은 감각적이고 변화에 민감하며 즉흥적인 사람, 즉 창의적인 사람을 유능한 사람이라고 칭하는 사회로 전환되었다. 이에 따라 선호하는 직업도 과학자, 판사, 검사, 의사 등에서 감성적 영역인 연예인, 디자이너, 방송인 등으로 바뀌고 있는데 이는 감성과 창의력이 선도하는 사회가 우리에게 도래하고 있다는 것이다. 이와 더불어 물질적 풍요에 따른 고관여에서 저관여적 사고의 전환은 복잡함에서 단순함으로, 긴 사고에서 짧은 사고로 변화되었다.

이성에서 감성으로의 변화와 저관여적 사고의 득세는 왼손잡이가 급속하게 증가하는 사회의 근거점이 된 것이다. 이를 증명한 FCB 모델은 고관여/이성인 1영역과 저관여/이성인 2영역, 그리고 고관여/감성인 3영역과 저관여/감성인 4영역으로 나눈 그리드 모델이다. 즉 자동차나 고급패션 같은 고관여 제품은 전문적인 디자인, 라면과 맥주 같은 저관여 제품은 친숙한 디자인, 자동차나 라면 같은 이성적인 제품은 신뢰감 있는 디자인, 그리고 고급 패션과 맥주 같은 감성적 제품은 세련된 디자인을 통해 제품을 구분한 대표적인 모델이다.

왼손잡이가 급격하게 증가하는 우리 사회는 이성사회에서 감성사회로, 고관여에서 저관여로 변화하고 있다는 것을 방증해 준다. 그 결과 우리 사회는 FCB 모델 중 1영역과 2영역은 감소하는 데 반하여 3영역과 4영역은 급속하게 증가하고 있으며 이런 현상은 앞으로도 더욱 가속화될 것이다.

좋은 디자인 전략은 시대적 변화를 세밀하게 읽고 향후 사회를 예측한 후 이런 필수적 요소를 디자인에 적극적으로 반영하는 방법론을 설정하는 것이라면, 디자인 컨셉도 오른손에서 왼손으로의 전환을 심각하게 고민해야 할 시점이다. 특히 '더도 말고 덜도 말고 한두 걸음만 앞선 디자인을 최적의 디자인이다'는 사실에 주목할 필요가 있다. 이런 사고의 핵심을 이룬 이탈리아 디자인 정책을 벤치마킹하자.

시대적 변화를 두려워하지 말고 변화의 파고에 편승하여 왼손잡이적 디자인 전환에 대비하자. 특히 우리들만의 감성적인 정체성으로 미래 사회를 공격적으로 개척해 나아가자.

조용수 (한국국제대 산업디자인학과 교수)

경남일보 gnnews@gnnews.co.kr

과거 초등학생 중 왼손잡이는 전체 학생의 2~3명을 차지하는 미미한 수준이었으며 간혹 왼손으로 글씨를 쓰는 학생은 마치 장애인처럼 취급받았다. 이런 왼손잡이가 30~35%로 급속하게 증가했으며, 2030년에 50%, 2050년에 75% 이상을 점유할 것이라는 성급한 예측도 있다. 향후에는 왼손잡이가 대세인 사회가 될 것이다.

예전에는 끈기가 있고 계획적이고 논리적인 사람, 즉 이성적인 사람을 유능한 사람이라고 칭하는 사회였다면 지금은 감각적이고 변화에 민감하며 즉흥적인 사람, 즉 창의적인 사람을 유능한 사람이라고 칭하는 사회로 전환되었다. 이에 따라 선호하는 직업도 과학자, 판사, 검사, 의사 등에서 감성적 영역인 연예인, 디자이너, 방송인 등으로 바뀌고 있는데 이는 감성과 창의력이 선도하는 사회가 우리에게 도래하고 있다는 것이다. 이와 더불어 물질적 풍요에 따른 고관여에서 저관여적 사고의 전환은 복잡함에서 단순함으로, 긴 사고에서 짧은 사고로 변화되었다.

이성에서 감성으로의 변화와 저관여적 사고의 득세는 왼손잡이가 급속하게 증가하는 사회의 근거점이 된 것이다. 이를 증명한 FCB 모델은 고관여/이성인 1영역과 저관여/이성인 2영역 그리고 고관여/감성인 3영역과 저관여/감성인 4영역으로 나눈 그리드 모델이다. 즉 자동차나 고급 패션 같은 고관여 제품은 전문적인 디자인, 라면과 맥주 같은 저관여 제품은 친숙한 디자인, 자동차나 라면 같은 이성적인 제품은 신뢰감 있는 디자인 그리고 고급 패션과 맥주 같은 감성적 제품은 세련된 디자인을 통해 제품을 구분한 대표적인 모델이다.

왼손잡이가 급격하게 증가하는 우리 사회는 이성사회에서 감성사회로, 고관여에서 저관여로 변화하고 있다는 것을 반증해 준다. 그 결과 우리 사회는 FCB 모델 중 1영역과 2영역은 감소하는 데 반하여 3영역과 4영역은 급속하게 증가하고 있으며 이런 현상은 앞으로도 더욱 가속화될 것이다.

좋은 디자인 전략은 시대적 변화를 세밀하게 읽고 향후 사회를 예측한 후 이런 필수적 요소를 디자인에 적극적으로 반영하는 방법론을 설정하는 것이라면, 디자인 컨셉도 오른손에서 왼손으로의 전환을 심각하게 고민해야 할 시점이다. 특히 '더도 말고 덜도 말고 한두 걸음만 앞선 디자인이 최적의 디자인이다'는 사실에 주목할 필요가 있다. 이런 사고의 핵심을 이룬 이탈리아 디자인 정책을 벤치마킹하자.

시대적 변화를 두려워하지 말고 변화의 파고에 편승하여 왼손잡이적 디자인 전환에 대비하자. 특히 우리들만의 감성적인 정체성으로 미래 사회를 공격적으로 개척해 나아가자.[6]

---

6) 조용수, 왼손잡이 사회를 대비하자, 경남일보 2013. 12. 17일자 보도내용

창조성을 자극하다

폴 투르니에(Paul Toumier)의 마지막 책을 통해 알려진 용어인 '창조적 고통(creative suffering)'은 고난이 실제로 어떤 것을 창조한다는 생각을 갖게 하지는 않지만 창조성을 자극한다.

그는 제네바의 피에르 렌취니크(Pierre Rentchick) 박사가 1975년에 쓴「고아가 세계를 주도한다」라는 제목의 논문을 언급한다.

역사상 가장 영향력 있었던 정치가들의 생애에 대한 이야기에서 그는 그들 중 300명에 가까운 사람들 – 알렉산더 대왕과 율리우스 카이사르로부터 찰스 5세와 루이 14세를 거쳐 조지 워싱턴, 나폴레옹 그리고 (유감스럽게도) 레닌, 히틀러, 스탈린, 카스트로에 이르기까지 – 이 고아였다는 깜짝 놀랄 사실을 발견했다. 이것은 자연히 투르니에 박사에게 깊은 인상을 주었다. 왜냐하면 그는 오랫동안 아버지와 어머니가 그들의 역할을 균형 있게 수행해 내는 것이 자녀의 발달에 중요하다고 강의해 왔기 때문이다. 그러나 이것은 바로 가장 영향력 있는 정치가들이 결코 가져 보지 못했던 것이었다. 렌취니크 박사는 '정서적 상실의 결과로 일어나는 불안정은 이 어린아이들 안에 이례적인 권력에의 의지를 불러일으켰음이 틀림없다'는 이론을 전개했다. 종교적 지도자들의 경우도 분명 마찬가지였다. 예를 들어 모세, 부처, 공자, 모하메드 역시 모두 고아였다.

정신 분석학자인 앙드레 에이날(Andre Haynal) 교수는 이 이론을 더 전개시켰고 모종의 상실(단지 고아가 되는 것뿐 아니라)이 창조성(그가 권력에의 의지라고 칭하는)의 배후에 있다고 제안했다. 마지막으로 투르니에 박사는 자신의 임상적 경험으로 그 이론을 확증했다. 50년 동안 환자들은 자신의 고통과 갈등을 그에게 털어놓았다. '나는 그들이 고난을 통해 변화되는 것을 보아왔다'고 그는 말한다.

고난이 성장의 원인이라는 것이 아니다. 그러나 성장의 기회라는 것이다. 그렇다면 왜 어떤 사람들은 장애를 통해 성장하는 반면 다른 사람들은 그렇지 못한가? 그는 그들의 반응이 '유전적 성향보다는 그들이 다른 사람들로부터 받는 도움에 더 많이 좌우되며,' 특별히 그것은 사랑에 의해 좌우된다고 생각한다. '사랑이 없는 상실은 결

과적으로 재앙이 되는 반면에 상실이 열매를 맺도록 하는 결정적 요인은 사랑이다.'

그러므로 사람을 성숙하게 하는 것은 고난이라기보다는 그들이 고난에 반응하는 방법이다. '고난은 그 자체로는 창조적이 아닐지 모르지만 …… 우리는 고난 없이는 창조적이기가 거의 불가능하다. …… 또한 우리는 사람으로 하여금 성장하게 하는 것은 고난이 아니지만 고난 없이는 사람이 성장하는 않는다고 말할 수 있을 것이다.'[7]

7) Paul Toumier, Creative suffering, p.1-5

차별화에서 일반화가 되어가는 현상

청량음료 병 중에서 세계에서 제일 유명한 것은 코카콜라 병일 것이다. 앤디 워홀(Andy Warhol)은 '대통령과 엘리자베스 테일러(Elizabeth Taylor)가 마시는 코카콜라도, 부랑자가 마시는 코카콜라도 모두 같은 것이며 똑같이 맛있다'고 찬미하고 있지만 이미 코카콜라는 단순한 청량음료가 아니라 자본주의 사회의 상징같은 존재가 되었다.

레이몬드 로위(Raymond Loewy)가 흠잡을 데 없이 완벽한 디자인이라고 칭송했던 코라콜라 병은 1915년에 디자인되었다. 코라콜라 병의 정식 명칭은 컨투어 보틀(contour bottle)이다. 여성의 패션과 연관지어 '허블 스커트 보틀'이라고 불리기도 했으며, 당시 인기 있었던 글래머 여배우의 이름을 따와 '메이 웨스트(Mae West) 보틀'이라 불리기도 했다.

요즘 같으면 '마돈나 보틀(Madonna bottle)'이라 불리는 식이다. 그러나 현대 여성의 체형은 코카콜라 병보다 더 근사해 병 디자인을 여성의 몸에 빗대는 것은 이제는 무리가 있는 것 같다.

코카콜라가 독특한 병 디자인을 만들게 된 동기는 유사품의 범람 때문이었다. 아직까지 그 제조 비법이 밝혀지지 않은 코카콜라의 원액이 발명된 것은 1880년대 일이다. 그리고 이후 청량음료라는 새로운 시장이 거대화됨에 따라 코카콜라의 뒤를 따르는 상품이 다수 나타나기 시작했다. 코카콜라는 다른 상품과 차별화할 수 있는 법적인 수단의 하나로서 병의 형태를 이용한 것이다. 이른바 CI에 대한 발상의 원점이라 할 수 있다.

그러나 아직까지 일본에서는 병의 디자인을 권리로서 인정하는 사고방식이 보편화되어 있지 않다. 예를 들어 야쿠르트와 오로나민 C의 디자인을 도용한 유사 상품이 많이 출시되어 있는데, 대부분의 경우 오리저널 상품보다 용량을 크게 만들거나 가격을 낮춰 코스트 퍼포먼스(가격 대비 성능)를 강조한다는 점이 흥미롭다. 디자인의 기호성을 확대 해석한 결과라고나 할까, 아무튼 결국 패러디 상품이 되고 말았다.

예전에는 바야리스나 세븐 업 등 모든 청량음료는 나름 독특한 모양의 병에 담겨졌다. 그러던 것이 어느새 알루미늄 캔과 패트병으로 균일하게 바뀌어 버렸다. 제조비용과 유통비용을 감안하면 유리병이 캔이나 패트병을 당해낼 재간이 없기 때문이다. 즉 '고유의 맛'에 '고유의 형태'가 따라가던 시대가 끝나가고 있는 것이다.

디자인이란 이른바 정보를 전달하기 위한 수단이다. 예를 들면 향수병은 향기를 전달하는 미디어이기도 하다. 개성 있는 디자인으로 개성 있는 향을 표현해 소비자의 개성에 어필하는 것이다. 생각해 보면 일본에서 판매되는 음료는 맥주까지 포함해 패키지도 비슷할 뿐만 아니라 맛에도 거의 차이가 없다. 결론적으로 보면 비슷한 맛이 아니면 팔리지 않는다는 것이다. 개성이 강한 병 디자인이 가게에서 사라져 가는 배경에는 비용의 문제뿐만 아니라 맛에 대한 일본인의 감수성이 점점 둔해지고 있다는 사실도 영향을 미치고 있다. 특히 젊은 층의 무딘 미각은 심각한 수준이다.

여담이지만 최근에 나온 코카콜라 캔에는 컨투어 보틀이 그려져 있다. 병 자체는 시장에서 사라져가고 있지만 그 실루엣만큼은 코카콜라의 아이콘으로서 앞으로도 존속될 모양이다. 캔 자체가 앤디 워홀풍의 팝 아트로 변해가는 식이다. 재미있는 현상이다.[8)]

8) 사카오 나오키 저, 정영희 역, 물건의 진화론 디자인의 꼴, 디자인하우스, 2008, p.16-9.

참고하기 2

사람을 위한 공학, 인간공학에 대해

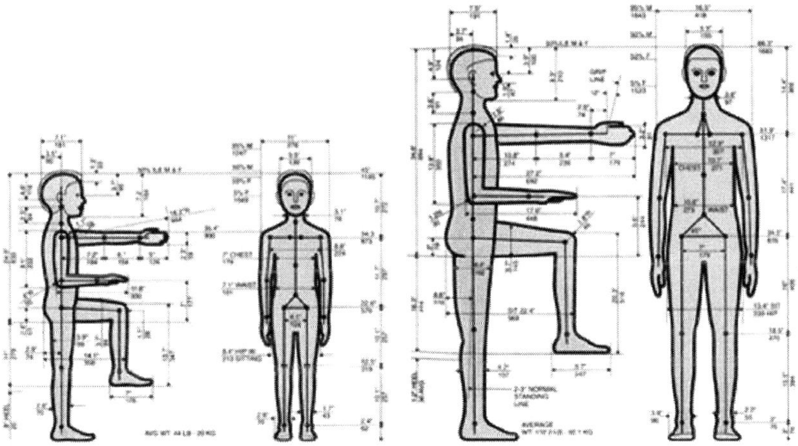

인간공학(ergonomics)은 인간과 인간이 사용하는 물건과의 상호작용을 다루는 학문을 뜻하며 '인간을 위한 공학(design of human)'을 말한다. 인간의 행동, 능력, 특성 등에 관한 정보를 발견하고 이를 도구, 기계, 시스템, 직무, 환경을 설계하는 데 응용함으로써 인간이 생산적이고 안전하며 쾌적한 환경에서 작업을 하고 물건을 효과적으로 이용할 수 있도록 하는 것이다. 그렇기 때문에 사실 디자인공학과 겹치는 면이 많다. 사람의 복지, 편한 생활을 위해 설계하는 학문이니 사실상 인간공학을 디자인공학의 범수에 속해도 될 것 같다.

인간공학의 시작은 1911년 미국의 프레더릭 윈슬로 테일러(F. W. Taylor)의 '과학적 관리법의 원리(The principles of scientific management)'라고 할 수 있으며, 1920년 초 길브레스(F. B. gilbreth) 부부가 '동작연구와 공장 경영에 관한 연구'를 시작한 것이 인간공학 연구의 시초라고 할 수 있다. 이후 1982년에 우리나라에도 대한인간공학회가 설립되어 현재까지 활발한 활동을 해 오고 있다.

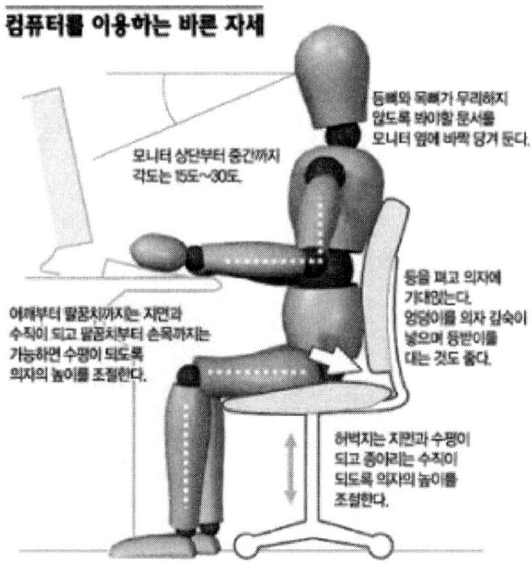

인간공학이라는 말이 조금 어색하고 느낌이 잘 오지 않는다면 침대, 의자에 누워보고 앉아보면 될 것 같다. 흔히 말하는 인체공학적 디자인, 인체공학적 설계 등 인체공학이 들어가는 말은 인간공학에서 비롯된 말들이다. 사진의 컴퓨터를 이용하는 바른 자세도 인간을 위해서 권장되는 자세 또 그 자세를 최소한의 힘으로 편하게 유지시켜주는 것이 바로 인체공학, 인간공학이다.

또한 인간공학은 오직 침대, 의자 등에서만 국한되어지는 것은 아니다. 흔히 볼 수 있는 원터치 텐트, 자동차, 집이나 건축물, 물체의 손잡이 등 다양한 방면에서 보여주고 있다. 꼭 인간에게 직접적인 편함을 주는 것이 아닌 간접적이게 편함을 주는 디자인을 나타내기도 한다.

인간공학의 적용분야가 너무 넓다 보니 사실상 산업공학, 기계공학, 전자제어공학, 생명공학, 환경공학, 의공학, 건축공학, 디자인공학 등 인간공학은 다양한 공학 분야에서 필요로 하는 학문이다. 특히 의공학과 생명공학, 디자인공학은 사람의 팔, 다리, 발 등 의수, 의족 설계나 인공심장 등을 설계할 때 빼놓을 수 없는 학문이 되었다.[9)]

9) http://hanwoo0203.blog.me/220464265955

제3장 디자인이라는 창으로 창의력을 바라보기

1. '디자인이란 무엇인가?'

2. 디자인과 창의력과의 연관관계

1) 생각해 보기

– 이 시대의 화두에 대해서 생각해 보자

· 코페르니쿠스적 전환

· 관포지교(生我者父母 知我者鮑叔牙也)

· 제2의 산업혁명

– 불가능을 가능으로 만들 수 있는 방법은 무엇일까?

· 세상에는 불가능이 존재할까?

2) 정말!! 있을까?

– 연간 20억 원 이상의 순이익을 올리는 젓가락은 어떤 모습일까?

– 만원에 단 2개만 파는 정말 비싼 감귤은 어떻게 재배될까?

– 쌓을 수도 있고, 구르지 않는 수박은 과연 존재할까?

– 맛있는 배, 입구가 좁은 유리병에 넣을 수 있는 방법은 무엇일까?

– 복을 주는 사과는 어떻게 만들 수 있을까?

– 콩나물 머리를 제거하는 도구를 주위에서 찾아보자

3) 창의력으로, 그리고 창의력 안으로

– 창의적 발상의 기본은 무엇일까?

– 고정관념을 깨기 위한 노력

– 정말 불편한 것을 참아내는 것이 좋은 것인가?

– 성냥개비 4개로 '밭전(田)자'를 만들어 보자

– 숫자로 마음을 읽어보자

① 32. 33. 34. 35. 36. 37. 38. 39. 40. 41. 42. 43. 44. 45. 46. 47. 48.

② 16. 17. 18. 19. 20. 21. 22. 23. 24. 25. 26. 27. 28. 29. 30. 31. 48.

③ 8. 9. 10. 11. 12. 13. 14. 15. 24. 25. 26. 27. 28. 29. 30. 31. 40. 41. 42. 43. 44. 45. 46. 47.

④ 1. 3. 5. 7. 9. 11. 13. 15. 17. 19. 21. 23. 25. 27. 29. 31. 33. 35. 37. 39. 41. 43. 45. 47.

⑤ 2. 3. 6. 7. 10. 11. 14. 15. 18. 19. 22. 23. 26. 27. 30. 31. 34. 35. 38. 39. 42. 43. 46. 47.

⑥ 4. 5. 6. 7. 12. 13. 14. 15. 20. 21. 22. 23. 28. 29. 30. 31. 36. 37. 38. 39. 44. 45. 46. 47

4) 창의력을 근거로 숙고하기

– '孟母三遷之敎'의 의미를 숙고해 보기

– '애플과 삼성의 특허전쟁'의 상황을 숙고해 보기

3. '적용해 보기'와 '이야기 해보기'

4. 다음 주를 위한 준비

자기를 소개하는 '명찰 만들기'

디자인 세상, 디자인을 말하다

디자인은 무엇이라고 정의할 수 있을까? 종종 지인들이나 학생들에게 '디자인이란 무엇인가'라는 질문을 해 보는데 그럴 때마다 대부분 어떻게 답해야 좋을지 이내 난감해 한다. 디자인을 개념으로 바라보기 때문이다. 하지만 우리는 이미 언제 어디서나 디자인을 만나고 어울리고 즐기고 있다. 디자인은 개념이 아니라 실제이고 생활이기 때문이다.

'디자이너는 사회적, 도덕적 책임감을 의식해야만 한다.' 이는 세계적인 디자이너 빅터 파파넥(Victor Papanek)의 말이다. 디자인이 특별한 학문이나 산업의 경계를 넘어 이제 모두의 일상이 된지 이미 오래임을 생각하면 이 말을 통해 우리는 디자인이 우리와 얼마나 밀접한지, 사람을 위한 디자인이 왜 중요한지 가늠해 볼 수 있다.

순수미술과 달리 응용미술로 분류되는 디자인은 디자인하는 사람이 아니라 쓰는 사람에 의해 평가를 받게 된다. 이런 까닭에 디자인하는 사람들은 디자인을 잘 하려고 애쓰는 것이고 그런 디자인은 쓰는 사람마저 행복하게 만든다.

실제로 매일 아침 눈을 뜨면서 우리는 오늘은 무엇을 할까? 오늘은 어떻게 보낼까?를 머릿속에 그려보게 된다. 펜 없이 생각으로 그리는 디자인이다. 이런 생각들이 하루의 생활을 그리고, 꿈을 그리고, 우리의 비전을 그린다. 우리는 매일 우리의 삶을 디자인하는 것이다. 뿐만 아니라 운전을 하다 보면 만나게 되는 신호등도 디자인이다. 그 신호등을 움직이는 신호체계도 디자인이다. 디자인이 잘된 신호등은 보기에도 좋다. 보이지 않는 신호체계조차 디자인이 잘되어야 운전자를 짜증나게 하지 않는다. 디자인이 잘못된 신호체계는 신호등의 역할과 의미를 무색하게 만든다. 똑같은 신호라 하더라도 디자인이 잘된 신호체계는 복잡한 거리에서도 차량의 흐름을 물 흐르듯 달리게 하고, 운전하는 사람의 마음(인성)까지도 즐겁고 부드럽게 만든다.

때문에 사람들은 '디자인이 좋아야 한다, 디자인이 잘되어야 한다'고 말한다. 하지만 디자인은 잘 쓰기도 해야 한다. 앞서 말한 것처럼 디자인은 일방적이 아니라 쌍방적인 작업이기 때문이다. 예컨대 우리가 흔히 쓰는 두루마리 화장지를 보면 대부분이 엠보싱 처리가 되어 있다. 엠보싱은 화장지 표면에 울룩불룩 요철을 두어 그 부분에

닿은 부분이 잘 닦이도록 디자인된 제품이다. 그러나 대부분 화장실에 걸려 있는 화장지를 보면 반대로 걸려 있는 경우를 흔히 목격하게 된다. 엠보싱 화장지는 두루마리를 말았을 때 볼록한 부분이 밖으로 나와야 디자인의 진가가 발휘되는데 사용하는 사람들의 무식함으로 잘된 디자인의 가치가 무용지물이 되고 있는 것이다.

요즘 기업에서는 디자인 경영이 화두라고 한다. 제품의 기능적 차이에 대한 구분이 어려워지면서 심미적 기능뿐만 아니라 사용 시 만족도까지 고려한 디자인의 가치는 어느 때보다 기업의 핵심 경쟁력이 되고 있는 상황이다. 대부분 우리 생활을 편리하게 하려고 애를 쓴 첨단제품들이고 보면 이러한 첨단제품들이 단지 보기에 좋은 디자인만 추구하지는 않았을 것이다. 그렇다면 우리 기업이 심혈을 기울여 잘 하려고 애쓴 만큼 디자인을 제대로 쓰려는 사용자들은 얼마나 될지 문득 궁금해진다. 좋은 디자인, 잘된 디자인은 잘하려고 애쓴 만큼 제대로 활용되어야 그 가치도 생활도 즐거워지게 된다.

디지털시대, 세상은 디지털화 가속으로 갈수록 차가워지고 팍팍해진다. 디자인이 더욱 필요해지는 이유다. 차갑게 태어나는 디지털 제품을 보면서 사람들은 따뜻한 아날로그를 그리워한다. 그런 요즘 사람들에게 디자인은 마음 따뜻한 아날로그다. 차갑고 딱딱한 디지털에 입혀지는 따뜻한 아날로그, 디지털도 첨단도 디자인을 만나면 따뜻해진다. 이제는 디자인이다.[10)]

10) 오치규, 디자인 사랑하기, 궁미디어, 2012, p.17

이해하기 2

디자인에 대해 다시 생각해 보자

경남일보

홈 > 오피니언 > 경일춘추

디자인에 대해 다시 생각해 보자

조용수 (한국국제대학교 산업디자인학과 교수)
2013.11.05 00:00 입력

글자크기 + -

예전에는 디자인이라는 이질적인 용어가 이젠 우리 삶의 모든 분야에서 친숙한 단어로 등장하고 있다. 이를 대변하듯이 모 기업에서는 향후 한국을 먹여 살릴 산업이 디자인이라고 주장한 바, 대다수가 이에 동의하고 있는 실정이지만 70년대 후반까지만 해도 'DESIGN'이라고 적힌 내용을 보고 '데시근을 배우는 학과는 어디입니까?'라고 질문했던 시절과 비교하면 큰 격세지감을 느낀다.

오늘날 많은 사람들은 디자인에 대해 잘 알고 전문가이며 잘 한다고 생각한다. 하지만 '디자인을 설명해 보세요'라고 질문하면 다르게 설명하거나 전혀 다른 개념으로 설명하는 경우가 다반사인데, 이는 디자인이 우리사회에서 잘못 이해되고 왜곡된 실상의 하나이다.

'왜 이런 상황이 발생하고 또 그 이유가 무엇일까?'라고 생각해 보면 현대 디자인의 두 경향에서 기인한다고 할 수 있다.

먼저 구미(歐美)스타일이라고도 하는 '산업 속의 디자인'은 미국, 일본, 한국 그리고 신흥국가를 중심으로 발전한 디자인 경향인데, 이는 시장에서 제품의 선점과 우위점 확보를 통해 이익을 창출하기 위해 디자인을 중요한 전략과 방법이라고 생각하는 형태이다.

대부분 재래식 화장실을 사용하던 시절에 전자식 화장실 문화를 창출한 일본의 디자인, 재래식 부엌이 태반인 시절에 최고의 키친 인테리어 디자인을 선보인 한국의 디자인, 디자인에 점차 두각을 나타내는 중국이나 동남아 국가 등의 디자인도 이에 포함된다.

구주(歐洲)스타일이라고도 불리는 '생활 속의 디자인'은 유럽을 중심으로 발전한 디자인 경향인데, 그들만의 자연환경과 여건, 특징과 장점을 살린 디자인을 제품에 적용하여 인간 삶의 질을 향상시킴과 동시에 편리함을 추구하는 형태이다.

북구의 자연여건을 활용하여 최고의 수공예품을 생산하는 스칸디나비아 디자인, 르네상스의 문화적 기반과 감각을 살려 국가 디자인 모형의 기틀에서 창출되고 있는 이탈리아 디자인, 생활 속에서 도출된 독특한 이미지를 디자인으로 승화시킨 독일, 덴마크, 영국, 프랑스 디자인 등도 이 분류에 속한다.

따라서 우리사회에서 디자인에 대한 인식과 개념이 불분명한 이유는 산업 속의 디자인이라는 한계점에서 나타난 것이고, 문화와 삶에서 격리된 디자인은 추상적이고 막연하게 인식하기 때문에 나타난 필연적인 현상이다.

이를 극복하기 위해 산업 속의 디자인에서 탈피하여 생활 속의 디자인으로 전환되어야 할 시점에 이르렀으며, 하루의 삶의 질 향상을 위해서도 디자인에 대한 인식의 전환과 그 방법을 새롭게 모색해야 할 시점에 이르렀다.

조용수 (한국국제대학교 산업디자인학과 교수)

예선에는 디사인이라는 이실석인 용어가 이센 우리 삶의 모든 분야에서 신숙한 단어로 등장하고 있다. 이를 대변하듯이 모 기업에서는 '향후 한국을 먹여 살릴 산업이 디자인'이라고 주장한 바, 대다수가 이에 동의하고 있는 실정이지만 70년대 후반까지만 해도 'Design이라고 적힌 내용을 보고 데시근을 배우는 학과는 어디입니까'라고 질문했던 시절과 비교하면 큰 격세지감을 느낀다.

오늘날 많은 사람들은 디자인에 대해 잘 알고, 전문가이며, 잘 한다고 생각한다. 하지만 '디자인을 설명해 보세요'라고 질문하면 다르게 설명하거나 전혀 다른 개념으로 설명하는 경우가 다반사인데, 이는 디자인이 우리사회에서 잘못 이해되고 왜곡된 실상의 하나이다.

'왜 이런 상황이 발생하고 또 그 이유가 무엇일까?'라고 생각해 보면 현대 디자인의 두 경향에서 기인한다고 할 수 있다.

먼저 구미(歐美) 스타일이라고도 하는 '산업 속의 디자인'은 미국, 일본, 한국 그리고 신흥국가를 중심으로 발전한 디자인 경향인데, 이는 시장에서 제품의 선점과 우위점 확보를 통해 이익을 창출하기 위해 디자인을 중요한 전략과 방법이라고 생각하는 형태이다.

대부분 재래식 화장실을 사용하던 시절에 전자식 화장실 문화를 창출한 일본의 디자인, 재래식 부엌이 태반인 시절에 최고의 키친 인테리어 디자인을 선보인 한국의 디자인, 디자인에 점차 두각을 나타내는 중국이나 동남아 국가 등이 디자인도 이에 포함된다.

구주(歐洲) 스타일이라고도 불리는 '생활 속의 디자인'은 유럽을 중심으로 발전한 디자인 경향인데, 그들만의 자연환경과 여건, 특징과 장점을 살린 디자인을 제품에 적용하여 인간 삶의 질을 향상시킴과 동시에 편리함을 추구하는 형태이다.

북구의 자연여건을 활용하여 최고의 수공예품을 생산하는 스칸디나비아 디자인, 르네상스의 문화적 기반과 감각을 살려 국가 디자인 모형의 기틀에서 창출되고 있는 이탈리아 디자인, 생활 속에서 도출된 독특한 이미지를 디자인으로 승화시킨 독일, 덴마크, 영국, 프랑스 디자인 등도 이 분류에 속한다.

따라서 우리사회에서 디자인에 대한 인식과 개념이 불분명한 이유는 산업 속의 디자인이라는 한계점에서 나타난 것이고, 문화와 삶에서 격리된 디자인은 추상적이고 막연하게 인식하기 때문에 나타난 필연적인 현상이다.

이를 극복하기 위해 산업 속의 디자인에서 탈피하여 생활 속의 디자인으로 전환되어야 할 시점에 이르렀으며, 화두인 삶의 질 향상을 위해서도 디자인에 대한 인식의 전환과 그 방법을 새롭게 모색해야 할 시점에 이르렀다.[11)]

---

11) 조용수 디자인에 대해 다시 생각해 보자, 경남일보 2013. 11. 5일자 보도내용

생각하기 1

투명망토 미국 군사 장비로 도입

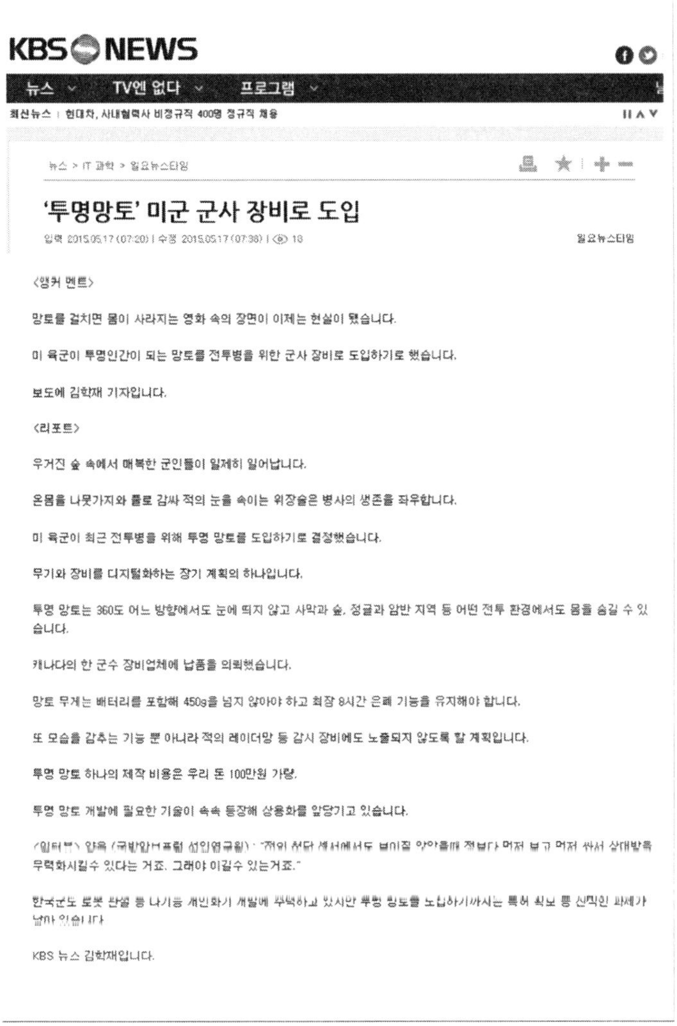

KBS NEWS

뉴스 TV엔 없다 프로그램

최신뉴스 | 현대차, 사내협력사 비정규직 400명 정규직 채용

뉴스 > IT 과학 > 일요뉴스타임

'투명망토' 미군 군사 장비로 도입

입력 2015.05.17 (07:20) | 수정 2015.05.17 (07:38) | 18 일요뉴스타임

<앵커 멘트>

망토를 걸치면 몸이 사라지는 영화 속의 장면이 이제는 현실이 됐습니다.

미 육군이 투명인간이 되는 망토를 전투병을 위한 군사 장비로 도입하기로 했습니다.

보도에 김학재 기자입니다.

<리포트>

우거진 숲 속에서 매복한 군인들이 일제히 일어납니다.

온몸을 나뭇가지와 풀로 감싸 적의 눈을 속이는 위장술은 병사의 생존을 좌우합니다.

미 육군이 최근 전투병을 위해 투명 망토를 도입하기로 결정했습니다.

무기와 장비를 디지털화하는 장기 계획의 하나입니다.

투명 망토는 360도 어느 방향에서도 눈에 띄지 않고 사막과 숲, 정글과 암반 지역 등 어떤 전투 환경에서도 몸을 숨길 수 있습니다.

캐나다의 한 군수 장비업체에 납품을 의뢰했습니다.

망토 무게는 배터리를 포함해 450g을 넘지 않아야 하고 최장 8시간 은폐 기능을 유지해야 합니다.

또 모습을 감추는 기능 뿐 아니라 적의 레이더망 등 감시 장비에도 노출되지 않도록 할 계획입니다.

투명 망토 하나의 제작 비용은 우리 돈 100만원 가량.

투명 망토 개발에 필요한 기술이 속속 등장해 상용화를 앞당기고 있습니다.

<인터뷰> 양욱 (국방안보포럼 선임연구원) : "적의 첨단 센서에서도 보이질 않아야때 적보다 먼저 보고 먼저 쏴서 상대방을 무력화시킬수 있다는 거죠. 그래야 이길수 있는거죠."

한국군도 [illegible] 등 다기능 개인화기 개발에 주력하고 있지만 투명 망토를 도입하기까지는 특허 확보 등 산적한 과제가 남아 있습니다.

KBS 뉴스 김학재입니다.

(앵기멘트)

망토를 걸치면 몸이 사라지는 영화 속의 장면이 이제는 현실이 됐습니다.

미 육군이 투명인간이 되는 망토를 전투병을 위한 군사 장비로 도입하기로 했습니다.

보도에 김학재 기자입니다.

(리포트)

우거진 숲 속에서 매복한 군인들이 일제히 일어납니다.

온 몸을 나뭇가지와 풀로 감싸 적의 눈을 속이는 위장술은 병사의 생존을 좌우합니다.

미 육군이 최근 전투병을 위해 투명망토를 도입하기로 결정했습니다.

무기와 장비를 디지털화하는 장기 계획의 하나입니다.

투명망토는 360도 어느 방향에서도 눈에 띄지 않고 사막과 숲, 정글과 암반지역 등 어떤 전투환경에서도 몸을 숨길 수 있습니다.

캐나다의 한 군수장비 업체에 납품을 의뢰했습니다.

망토 무게는 배터리를 포함해 450 g을 넘지 않아야 하고 최장 8시간 은폐기능을 유지해야 합니다.

또 모습을 감추는 기능뿐 아니라 적의 레이더망 등 감시장비에도 노출되지 않도록 할 계획입니다.

투명망토 하나의 제작비용은 우리 돈 100만원 가량입니다.

투명망토 개발에 필요한 기술이 속속 등장해 상용화를 앞당기고 있습니다.

(인터뷰) 양욱(국방안보포럼 선임연구원)

적의 첨단센서에서도 보이질 않았을 때 적보다 먼저 보고 먼저 쏴서 상대방을 무력화시킬 수 있다는 거죠. 그래야 이길 수 있는거죠

한국군도 로봇 관절 등 다기능 개인화기 개발에 주력하고 있지만 투명망토를 도입하기까지는 특허 확보 등 산적한 과제가 남아 있습니다.[12)]

12) 2015. 5. 17일자 KBS 뉴스 보도자료

생각하기 2

관포지교(管鮑之交)

1. 한자 뜻과 음

管 : 대롱 관 (관중의 '관'자)

鮑 : 절인고기 포(포숙아의 '포'자)

之 : 갈 지

交 : 사귈 교

2. 풀이

관중(管仲)과 포숙아(鮑叔牙)의 사귐이란 뜻으로, 형편이나 이해관계에 상관없이 친구를 무조건 위하는 두터운 우정을 일컫는다.

3. 유래

춘추시대 제(齊)나라에 관중과 포숙아라는 사람이 있었는데, 그들은 동업으로 장사를 하면서도 서로 뜻이 맞고 상대방에게 너그러운 둘도 없는 친구 사이였다. 그러다가 똑같이 관리가 되면서 각자 다른 길을 가기 시작했다. 관중은 제나라 군주인 양공(襄公)의 공자(公子) 규(糾)의 보좌관이 되었고, 포숙아는 규의 이복 동생 소백(小白)을 섬기게 된 것이다.

그 무렵 양공이 사촌 아우 공손무지(公孫無智)가 양공을 시해하고 임금 자리를 빼앗는 사건이 발생했다. 그 바람에 목숨이 위태롭게 된 규는 관중의 노움을 받아 함께 이웃 노(魯)나라로 달아났고, 소백은 포숙아와 함께 거(莒)나라로 달아났다. 그러나 이듬해 공손무지가 살해됨으로써 상황은 급변했다.

규와 소백 어느 쪽이 임금 자리를 차지하느냐 하는 문제가 대두되어, 관중과 포숙이는 본의 아니게 정적이 되고 말았나. 관중이 선수를 써서 소백을 죽이려 했으나 한 걸음 늦었다. 소백이 포숙아와 함께 재빨리 먼저 귀국하여 비어 있는 임금 자리를 차지해 버린 것이다. 그가 곧 환공(桓公)이다. 환공은 노나라에 규를 죽이고 관중은 압송하라고 요구했다. 그리하여 환공이 오랏줄에 묶여 칼을 쓴 모습으로 끌려온 관중을 죽이려고 하자, 포숙아가 엎드려 간곡히 말했다.

'전하, 한나라의 주인으로 만족하신다면 신의 보필만으로 충분합니다. 그러나 천하의 주인이 되고자 하신다면 부디 관중을 발탁해 쓰셔야 합니다.'

환공은 결코 옹졸하고 눈이 어두운 인물이 아니었다. 그전부터 관중의 능력은 인정하고 있었으므로 포숙아의 건의대로 관중에게 대부(大夫) 벼슬을 주어 정사를 맡겼다. 과연 관중은 환공과 포숙아의 기대를 저버리지 않았다.

'창고가 가득차야 예절을 알고, 의식(衣食)이 넉넉해야 영욕(榮辱)을 안다.'

이와 같은 정치철학 아래 백성들을 위하고 선정을 베풀어 국력을 축적해 나가 환공은 마침내 여러 제후들을 굴복시키고 춘추시대의 패권을 쥐게 되었다. 포숙아는 관중의 성공을 자기 일처럼 기뻐했고, 두 사람의 우정은 변함없이 없었다. 관중은 그런 포숙아가 더없이 고마워 곧잘 이런 소리를 했다.

'나를 낳아 준 분은 부모님이지만, 나를 알아준 사람은 포숙아다.'[13)]

13) http://terms.naver.com/entry.nhn?docId=917019&cid=50801&categoryId=50803

참고하기

지음지교(知音之交)

1. 한자 뜻과 음

知 : 알 지

音 : 소리 음

之 : 갈 지

交 : 사귈 교

2. 풀이

열자(列子) 탕문편(湯問篇)에 보면 중국 전국시대에 거문고의 명수인 백아(伯牙)와 그의 음악을 누구보다도 잘 이해한 친구 종자기(鍾子期) 사이의 지음지교에 대한 이야기나 나옴.

즉 단 한 사람일지라도 자신을 진심으로 이해해 주는 친구를 가진 사람은 그 삶이 든든할 것입니다.

3. 유래

백아가 거문고를 탈 때 높은 산을 오르는데 뜻을 두자 종자기는 말합니다.

'훌륭하도다. 높이 솟아오름이 마치 태산과 같구나'

흐르는 물에 뜻을 두자 다시 종자기가 말합니다.

'훌륭하도다. 넘실넘실 장강이나 황하 같구나'

종자기는 백아가 생각하는 것을 환희 꿰뚫고 있었던 것입니다.

백아가 태산의 북쪽으로 놀러갔다가 갑자기 소나기를 만나 비를 피해 바위 아래 머물게 되었습니다. 마음이 슬퍼져 곧 거문고를 타기 시작했는데, 처음에는 장마비의

곡조를 타다가 나중에는 산이 무너지는 소리를 내었습니다.

곡조를 연주할 때마다 종자기는 곧 그 뜻한 바를 알아냈었습니다. 그러자 백아는 거문고를 내던지고 말합니다.

> 참으로 훌륭하도다. 그대의 들음이여!
> 내 뜻을 알아냄이 마치 내 마음과도 같구나
> 내 거문고 소리는 그대로부터 벗어날 수가 없네.

훗날 백아는 자기의 음악을 이해해 주던 친구 종자기가 죽자 거문고 줄을 끊어버리고, 세상에 자기 음악을 이해해 줄 사람이 없음을 통곡했다고 여씨춘추(呂氏春秋)는 전합니다.[14]

14) http://blog.naver.com/jaasi63/20122947518

제4장 창의력을 이해하기

1. 나의 생각을 적어봅시다.

1) 창의력이란 무엇인가?

2) 창의력이 있는 사람의 특징을 한 문장으로 서술해 보자

3) 창의력의 요소는

2. 문제 해결하기

1) 고정관념에서 탈피하자

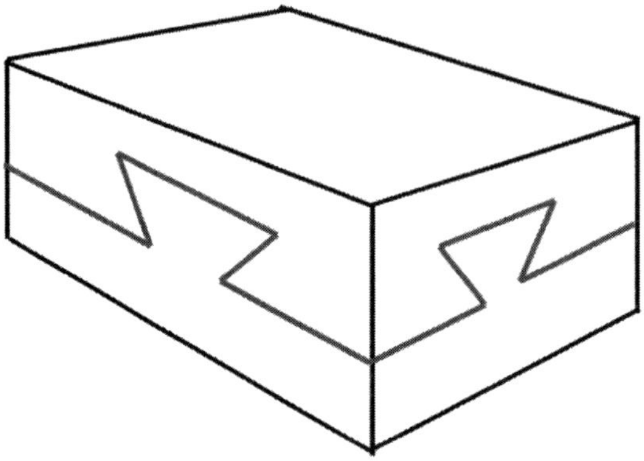

2) 순서의 우위성을 생각하자

3) 방향에 따른 차이를 생각하자

이해하기

창의력에 대하여

1. 창의성 혹은 창의력 개발이란

창의성에 대한 각종 사전을 검토해 보면 다양한 견해를 볼 수 있다. 그 중에 대표적인 2개의 사례를 서술해 보고자 한다.

1) 위키백과사전

창의성은 새로운 생각이나 개념을 찾아내거나 기존에 있던 생각이나 개념들을 새롭게 조합해 내는 것과 연관된 정신적이고 사회적인 과정이다.

창조성이라고도 하며 이에 관한 능력을 창의력, 창조력이라고 한다. 창조력은 의식적이거나 무의식적인 통찰에 힘입어 발휘된다. 창조성에 대한 다른 개념은 새로운 무엇을 만드는 것이다.

과학적인 관점에서 보면 창조적인 사유의 결과물은 항상 독창성과 함께 적합성을 지닌 것이다. 창의성과 창의적인 행동들은 심리학, 인지과학, 교육, 철학(특히 과학철학), 신학, 사회학, 언어학, 경영학, 경제학 등의 여러 학문 분야에서 연구되어 왔다. 그 결과로 창의성에 대한 여러 정의와 접근방식이 생겨났다.[15)]

2) HRD 용어사전

조직 구성원의 창의적 사고력과 태도를 높이기 위한 교육과 정책을 의미한다. 창의력 개발은 고정관념의 타파, 사고의 유연성 강화, 문제 해결력의 강화 등을 통해서 조직성과 창출과 연계시키고자 하는 데 궁극적인 목적이 있다.

2. 다양한 학자들의 정의

창조성, 창의력, 창조력 등의 여러 말로 사용되는 이 창의성을 정의하기란 복잡한 일이다. 1961년에 로데스(Rhodes)는 창의성에 대한 64개의 정의를 분석하였다.[16)] 따라서 여러 학자의 연구 중 하나를 선택하여 살펴볼 수밖에 없다. 물론 학자들의 연구는 일정 부분 서로 통하는 면이 있기에 마련이기에 한 학자의 연구를 통해 다른 학자

15) 위키백과 사전에 인용
16) 김영채, 창의적 문제 해결 : 창의력의 이론, 개발과 수업, 서울:교육과학사, 1999, p.5

들의 정의도 이해하는 데 도움이 된다.

1995년 토랜스(E. P. Torrance)는 세 가지 측면에서 창의성을 다루었는데, 연구수행을 위해 만들었으며 창의적 사고의 과정에 초점을 둔 '연구용 정의', 그림으로 창의성을 보여주는 '예술적 정의', 생존하기 어려운 위기상황에서 생존을 위해 나타나는 창의적인 반응을 다룬 '생존적 정의'가 그것이다.[17]

첫째인 연구용 정의에 따르면, 창의적 사고는 다음과 같은 과정을 거치는데 어려운 문제나 빈틈을 인식하고 그러한 빈 곳을 메우는 추측을 하거나 가설을 만들며 그러한 가설을 검증하고 마지막으로 그 결과를 다른 사람에게 말하는 것이다.[18]

둘째인 예술적 정의는 '그림을 그려서 창의성이란 이 그림과 같은 것이다'는 식으로 비유적인 설명을 하는 것으로, 열린 문을 그린 후에 창의성이란 문 밖으로 나가는 것과 같다는 말로 설명하는 것이다.[19]

셋째인 생존적 정의는 미국 공군 생존훈련처럼 춥고 먹을 것이 없는 극한 상황에서 그 상황에 맞는 생존방법을 찾아내는 능력을 말하며, 이전의 사례를 참조하여 지금 현 상황에 맞는 새로운 형태의 것으로 상상하여 재조합하는 능력이다.[20]

창의성에 대한 과학적 연구를 요약하면서 마이클 멈포드(Michael Mumford)는 다음과 같이 말했다. 최근 10년간의 논의를 통하여 우리는 창의성이 소설을 창작하고 쓸모 있는 제품을 만드는 것을 포함하는 개념이라는 일반적인 일치에 도달한 것으로 보인다.[21]

3. 창의력의 요소

창의력의 요소에 대해서도 다양한 의견들이 있지만 미국 미네소타 대학교의 토랜스 교수는 창의력이란 문제의 인식, 문제를 해결하기 위한 아이디어, 가설, 검증 그 결과를 전달하는 과정이라고 정의하였는데, 이러한 창의력은 다섯 가지 요소로 분류할 수 있다고 했다.

① 독창성(originaliy) : 기존의 것에서 벗어나 참신하고 독특한 생각을 하는 능력

17) 앞의 책, p.6.
18) 위의 책, p.6~7.
19) 위의 책, p.7-9.
20) 위의 책, p.9-10.
21) Mumford, M. D, Where have we been, where are we are going? Taking stock in creativity research. Creativity Research Journal, 15, 2003, p.107-120.

② 민감성(sensitivity) : 변화에 대한 관심과 새로운 것을 찾아내는 능력

③ 유창성(fluency) : 하나의 자극에 여러 가지 반응을 생각해 내는 능력

④ 융통성(flexibility) : 고정적인 사고방식에서 벗어나 다양한 해결책을 찾아내는 능력

⑤ 정교성(elaboration) : 다듬어지지 않은 생각을 세련되게 변화시켜 나가는 능력

서울대에서는 누가 A^+를 받는가?

수용적 사고력이란 상대방이 가르치는 내용을 아무런 의심이나 비판 없이 그대로 받아들여서 이해하고 암기해 시험에서 정확하게 기억해 내는 능력이다. 그에 반해 비판적 사고력이란 주어진 내용을 이렇게도 생각해 보고 저렇게도 생각해 보고 뒤집어서도 생각해 보는 등, 상대방이 가르치는 내용을 자신만의 관점으로 다시 들여다 보는 능력이다. 또한 창의적 사고력은 주어진 내용에 대해서만 생각하기 보다는 지금껏 존재하지 않았던 무엇을 새로이 생각해 내는 능력이다.[22]

서울대에서는 어떤 사고력을 가진 학생들을 길러내고 있을까? 서울대 이혜정 교수가 전 학생들을 대상으로 조사해 보았더니, 전체 1,111명의 응답자 대다수가 자신이 비판적 사고력과 창의적 사고력이 수용적 사고력에 비해 낮다고 응답하였다.[23]

그 예로,

22) http://blog.daum.net/blueletter01/7638937에서 일부분 인용 후 재편집
23) 이혜정, 서울대에서는 누가 A^+을 받는가, 다산에듀, 2014, p.39.

'제가 예전에는 중요한 내용만 골라서 필기했거든요, 그러다가 시험에서 크게 당했어요. 그 다음부터는 웬만하면 다 써요. 교수님이 그냥 우스갯소리로 하신 것까지도 다.' (법과대 장민수 학생)

'수용적으로 쌓은 지식이 있어야 그걸 바탕으로 창의적인 게 나오잖아요. 운동을 한다고 치면 수용적 사고력은 근력운동하고 기초 체력인 거예요. 히딩크 감독이 그런 걸 강조했거든요……(중략)' (경영대 진수 학생)

히딩크 어쩌고 한 건 교수가 한 말처럼 보이지 않습니까? 자신의 강의를 경청하라는 …… 유감스럽게도 이것도 학생이 한 말입니다. 이런 학생은 죽을 때까지 수용적이지 않을까요? 언제 비판적 · 창의적 사고를 해보겠습니까? 그런 학생이나 교수는 아직 걸음마도 못하고 말도 못하는 어린애도 비판적 · 창의적 사고를 하는 경우를 보면 이번에는 그런 사고를 할 수 있는 사람은 태어날 때부터 다르다고 하겠지요.

이 책에는 교수의 강의를 죽어라 하고 받아쓰는, 신문에 난 것처럼 교수의 농담까지 다 받아쓰고 녹음하고 정리하고 외우는 학생들이 좋은 학점을 따는 비법을 잘 보여주고 있습니다.

즉 '교수와 의견이 다른 상황에서, 자신의 의견을 시험에 쓰면 A$^+$를 받을지 확신할 수 없는 경우에 그 의견을 포기한다'라는 A$^+$를 받는 학생들의 수업전략 중 한 가지이다. 또 '저는 저학년 때는 대학시험에 대해 약간 잘못된 생각을 했던 것 같아요. 창의적인 답을 해야지 싶어서 제 의견을 독창적으로 썼다가 학점이 망가졌거든요. 그게 아니라 고등학교 때처럼 암기를 주로 해야 한다는 걸 알게 됐습니다.'라고 사회과학대 권혁준 학생을 밀한다.

'EBS 교육대기획 시험, 제4부 – 서울대 A⁺의 조건'[24]에서 2학기 이상 학점 평점이 4.0을 넘는 서울대생을 만나 공부 비결을 물었습니다. 그런데 그들의 입에서는 '무조건 받아 적고, 외운다'라는 의외의 대답이 나오는데요. 수동적인 학습문화를 만나봅니다.

이번 연구를 진행한 연구소에서는 연속 2학기 이상 4.0학점을 넘은 학생들에게 이메일을 보내 46명의 학생과 인터뷰를 하게 되었다. 그들이 학점을 잘 받는 이유는 모두의 예상을 뒤엎은 전사였다. 수업내용을 녹취하는 것은 물론이요 교수님의 농담마저 모두 필기하고 그 내용을 두 번, 세 번 다시 정리한다. 키워드나 요약 중심이 아니라 아예 문장 단위로 통 암기를 하는 것인데 교수님의 수업을 시작하시면 노트북 자판소리가 물밀 듯이 들려오고 말을 끝내시는 순간 신기하게도 자판소리가 멈춘다고 한다. 그러나 이러한 통 암기는 반짝 시험성적을 높게 받기에는 효과적이지만 장기기억으로 이어지지는 않는다고 말한다.

대조실험군을 위해 미국으로 가보았다. 미시건 주립대학교는 노벨상 수상자를 8명이나 배출해 낸 명문대학이다. 이 학교의 학생들은 과연 어떤 방식으로 높은 학점을 얻고 있을까요?

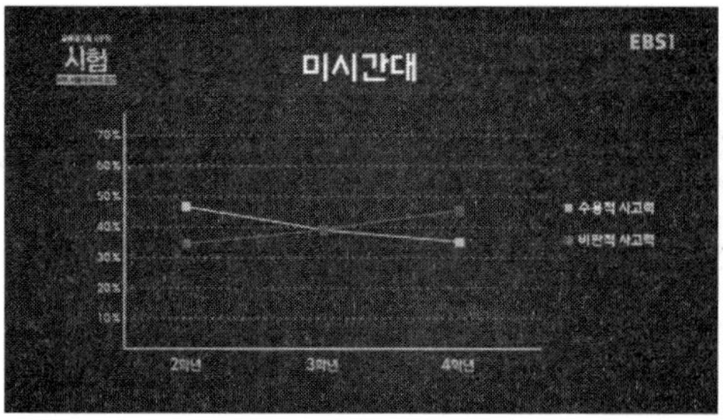

24) http://ebsstory.blog.me/220575510357에서 일부분 인용한 후 재편집

서울대 학생들에게 물어봤던 것처럼 학점이 높은 학생들을 추출하여 설문조사를 시작하였다. 주목해야 할 것은 '교수님이 말씀하시는 모든 내용을 필사하느냐'와 '교수님의 의견과 다른 의견을 시험에 적겠는가'하는 부분이다. 학생들은 첫 번째 질문에는 no 그리고 두 번째 질문에는 yes를 외친다. 교수님이 말씀하시는 모든 내용보다는 말씀하시는 내용에 따르는 자신의 생각과 키워드를 중심으로 필기한다는 의견이 다수였다. 그리고 자신의 의견이 교수님의 의견과 다르다 할지라도 자신의 의견이 타당하다면 교수님의 의견을 존중하며 자신의 의견을 주장할 것이라고 말한다. 그 이유는 교수님께서 자신의 의견을 존중할 것이라는 믿음이 있기 때문이다. 또한 자신의 의견이 다르다면 그 주제에 대한 자신의 이해가 완벽하지 않은 것일 수 있기 때문에 시험지에 적어 재확인해야 된다고 말하는데, 실제로 이런 태도는 높은 학점으로 연결된다.

계획과 순서에 근거한 디자인만이 살 길

경남일보

홈 > 오피니언 > 경일춘추

계획과 순서에 근거한 디자인만이 살 길

조용수 (한국국제대학교 산업디자인학과 교수)
2013.11.26 00:00 입력

글자크기

돌부처라는 별명처럼 탁월한 형세판단을 바탕으로 실리의 균형을 맞추어 나가는 두터움의 바둑, 타의 추종을 불허하는 끝내기의 신산이라고 불리는 프로 바둑기사 이창호씨가 한 인터뷰에서 '어떻게 하면 끝내기를 그렇게 잘할 수 있습니까'라는 물음에 '냉철하게 형세를 파악한 후 계획을 세우고 흔들림 없이 순서에 입각하여 마무리하면 된다'고 했는데, 이는 계획과 순서의 중요성을 강조하고 있다. 과연 바둑만의 국한된 문제일까.

예전의 현금지급기는 카드를 넣고 금액을 누르면 금액이 나온 후에 카드가 나왔는데 무려 절반 정도의 카드분실이 있었다고 한다. 하지만 현재의 현금지급기는 카드를 뽑아야만 현금이 나오는데 이 경우 카드분실이 10% 이하로 떨어졌다고 한다.

카드가 먼저나 아니면 현금이 먼저나에 따라 카드분실은 큰 차이를 보이는데 그 이유는 하나에만 강하게 집중하는 사람의 특성 때문이다. 즉 돈을 인출하는 사람은 현금에 집중하기 때문에 카드에 대한 관심은 그만큼 떨어진다. 현금이 먼저 나오면 당연히 분실이 높지만, 카드를 손에 든 상태에서 현금을 받으면 그만큼 분실은 낮아지게 되는 것이다. 이는 순서의 중요성에 대한 한 단면이다.

계획과 순서는 디자인에도 중요하게 적용되는 문제인데도 우리가 살아가는 여건에서는 이 문제를 무시하거나 대수롭지 않게 생각하는 경향이 강하다. 즉 제품이 생산되고 난 후 디자인은 단순한 치장의 과정이라는 인식, 제품만 좋으면 디자인은 필요없다는 무용론, 그리고 디자인을 전혀 고려하지 않는 제품기획 등은 디자인 계획의 결여로 나타난 현상으로 낮은 수준인 '무 디자인'이나 '스타일링으로서의 디자인'이라 부른다.

이에 반해 제품을 기획하기 전에 시대적 요구에 입각한 디자인 계획을 수립하고, 생산의 전 과정에 디자인적 순서대로 잘 적용되고 있는지를 재차 확인하여 최상의 디자인을 도출하는 경우로 이를 '전략으로서의 디자인'이라 한다.

무한경쟁에서 생존하기 위해서는 '전략으로서의 디자인'으로 전환이 시대적 요청이다. 이를 위해 디자인의 중요성을 인지한 후 디자인적 계획과 순서를 재정립하는 것이 필수적이다.

계획이 수반된 소비자 중심으로 전환, 계획에 근거한 제품개발 등을 통해 계획의 끝내기인 디자인적 우위점을 점하는 것, 가능한 영역부터 선점한 후 점차적으로 그 영역을 확대하거나 차별된 이미지를 창출한 후 소비자 선호도로 전이시키는 전략적 순서를 통해 우리만의 영역을 확대하자. 이것만이 무한경쟁에서 생존할 수 있는 첩경이다.

조용수 (한국국제대학교 산업디자인학과 교수)

돌부처라는 별명처럼 탁월한 형세판단을 바탕으로 실리의 균형을 맞추어 나가는 두터움의 바둑, 타의 추종을 불허하는 끝내기의 신산이라고 불리는 프로 바둑기사 이창호 씨가 한 인터뷰에서 '어떻게 하면 끝내기를 그렇게 잘할 수 있습니까?'라는 물음에 '냉철하게 형세를 파악한 후 계획을 세우고 흔들림 없이 순서에 입각하여 마무리하면 된다'고 했는데, 이는 계획과 순서의 중요성을 강조하고 있다. 과연 바둑만의 국한된 문제일까?

예전의 현금지급기는 카드를 넣고 금액을 누르면 금액이 나온 후에 카드가 나왔는데 무려 절반 정도의 카드 분실이 있었다고 한다. 하지만 현재의 현금지급기는 카드를 뽑아야만 현금이 나오는데 이 경우 카드분실이 10% 이하로 떨어졌다고 한다.

카드가 먼저냐 아니면 현금이 먼저냐에 따라 카드 분실은 큰 차이를 보이는데 그 이유는 하나에만 강하게 집중하는 사람의 특성 때문이다. 즉 돈을 인출하는 사람은 현금에 집중하기 때문에 카드에 대한 관심은 그만큼 떨어진다. 현금이 먼저 나오면 당연히 분실이 높지만, 카드를 손에 든 상태에서 현금을 받으면 그만큼 분실은 낮아지게 되는 것이다. 이는 순서의 중요성에 대한 한 단면이다.

계획과 순서는 디자인에도 중요하게 적용되는 문제인데도 우리가 살아가는 여건에서는 이 문제를 무시하거나 대수롭지 않게 생각하는 경향이 강하다. 즉 제품이 생산되고 난 후 디자인은 단순한 치장의 과정이라는 인식, 제품만 좋으면 디자인은 필요없다는 무용론 그리고 디자인을 전혀 고려하지 않은 제품기획 등은 디자인 계획의 결여로 나타난 현상으로 낮은 수준인 '무 디자인'이나 '스타일링으로서의 디자인'이라 부른다.

이에 반해 제품을 기획하기 전에 시대적 요구에 입각한 디자인 계획을 수립하고, 생산의 전 과정에 디자인적 순서대로 잘 적용되고 있는지를 재차 확인하여 최상의 디자인을 도출하는 경우로 이를 '전략으로서의 디자인'이라 한다.

무한경쟁에서 생존하기 위해서는 '전략으로서의 디자인'으로 전환이 시대적 요청이다. 이를 위해 디자인의 중요성을 인지한 후 디자인적 계획과 순서를 재정립하는 것이 필수적이다.

계획이 수반된 소비자 중심으로 전환, 계획에 근거한 제품개발 등을 통해 계획의 끝내기인 디자인적 우위점을 점하는 것, 가능한 영역부터 선점한 후 점차적으로 그 영역을 확대하거나 차별된 이미지를 창출한 후 소비자 선호도로 전이시키는 선략석 순서를 통해 우리만의 영역을 확대하자. 이것만이 무한경쟁에서 생존할 수 있는 첩경이다.[25)]

25) 조용수, 계획과 순서에 근거한 디자인만이 살 길, 경남일보 2013. 11. 26일자 보도내용

자기성찰지능과 은둔의 카리스마

삼성그룹의 신입사원 연수 프로그램 중에는 이건희 회장의 연설을 보여주는 부분이 있다. 언론에 자주 노출되지 않아 좀처럼 외적인 특징을 파악할 수 없는 인물이지만 연설을 하는 이건희 회장의 말투는 표면적으로 풍기는 카리스마에 비해 다소 어눌해 보인다. 세계적인 기업의 총수라는 타이틀과 어울리지 않는 눌변자인 그는 언론 인터뷰도 자주 하지 않는 것으로 유명하다. 이런 면을 살펴보면 이건희 회장은 언어지능에서 뛰어난 능력을 보이는 사람은 아님을 짐작할 수 있다.

그러나 세계에서 가장 존경받는 기업가 50인에 오른 이건희 회장이 세계에서 가장 존경받는 기업 50위 안에 뽑힌 삼성그룹(영국의 파이낸셜 타임즈)을 이루기까지는 심도 있는 고찰로 기업 내부의 문제점을 파악하고 그것을 과감히 뒤엎어 개혁을 이끌어 온 뛰어난 자기성찰기능의 힘이 있었던 것으로 보인다.

1993년 6월 4일 이건희 회장이 주재한 도쿄의 한 회의에서 이 회장은 일본측 고문들을 통해 삼성전자의 문제점을 적나라하게 파악하게 된다. 삼성 신경영이 시작되는 순간이다.

지난 10년간 이건희 회장은 세기말적 변화를 앞두고 삼성이 초일류기업과의 경쟁에서 살아남을 수 있는 경쟁력을 갖추지 않으면 생존을 보장 받을 수 없다는 위기의식을 느끼고 강력한 변화와 혁신을 꾀했다. 특히 불량상품이 발견되면 수백억 원의 손실이 나더라도 과감하게 소각하여 과거의 타성을 탈피하기 위해 노력했다. 또한 조직 활성화와 개인 창의력 발휘의 바탕이 된다는 신념으로 인센티브제를 도입했다.

이건희 회장은 사업에 착수하기 전에 자신이 '왜' 그 일을 해야 하는지 최소한 6번 이상 자문한다고 한다. 그리고 다시 10번 이상 생각한다. 일상에서도 창가에 앉아 자주 사색하는 시간을 보낸다. 스스로도 사색하고 반문하는 태도를 대단히 훌륭한 삶의 자세로 받아들여 왔다. 사색을 통해 훌륭한 결단이 나올 수 있다고 믿기 때문이다.

이 회장은 외로운 시절을 보냈다. 이 회장의 어머니는 이 회장이 젖을 떼자마자 그를 의령의 시어머니 댁으로 보냈다. 4세 무렵 집으로 돌아온 후에도 아버지 이병철 회장은 몹시 바빴고 누나와 형들은 학업 때문에 뿔뿔이 흩어져 살았다. 게다가 초등학교 5학년 때 일본 도쿄로 유학을 떠나 일본인들의 민족 차별을 받으며 친구나 부모 없이 사춘기를 보냈다.

이런 어린 시절의 영향 때문인지 이 회장은 말이 별로 없고 혼자서 골똘히 생각에 잠기는 것을 좋아한다. 이 모든 것이 자기성찰지능의 발현을 통해 나온 것이라 할 수 있다.

이건희 회장은 걸음걸이도 느리고 표정에도 변화가 없다. 또 사람 이름도 잘 외우지 못한다고 한다. 그러나 사색을 통해 계열사 사장단이 미처 보지 못한 점을 생각해 내고 끊임없이 생산적인 위기의식 혹은 각성을 불러일으킨다. 그는 '위기는 내가 제일이라고 생각할 때 찾아온다. 발전이 없는 현재는 자만심에 찬 퇴보이기 때문이다'라고 말한 바 있다.[26)]

---

26) 문용린, 평범한 사람도 비범한 성취를 가능케 하는 지력혁명, 비즈니스북스, 2016, p.151-3.

제5장 발상법Ⅰ : 명목집단법(NGT) (1)

1. 사전 작업

1) 그룹작업을 위한 조편성하기

2) Ice Breaking과 팀 명칭 정하기

2. 회상하기

1) 지난 시간 내용을 중심으로 '창의력이란 무엇인가?' 토론하기

2) 지난 시간 내용을 중심으로 '창의력이 있은 사람의 특징'에 대해 토론하기

3. 명목집단법(Nominal Group Technique) 실습해 보기

1) 내가 생각하는 창의력의 요소 작성하기

2) 우리 그룹이 토의를 통해 합의된 창의력의 요소는?

명목집단법에 대하여

1. 명목집단법의 절차 및 단계

1) 소개와 설명

- 조장은 조원들을 환영하고 토의의 목적과 절차를 설명한다.
- 진행에 따른 각종 자료를 나누어 준다.

2) 침묵 속에서 아이디어 내기

- 조장은 주제 관련 질문을 조원들에게 설명하고 떠오르는 모든 의견들을 적도록 요청한다.
- 이 활동을 하는 동안 조원들에게 자신의 의견을 다른 사람들과 의논하지 않도록 한다.

3) 의견공유

- 조장은 조원들이 자신이 낸 의견들을 공유하도록 요청한다.
- 조장은 조원이 사용하는 단어로 각 의견들을 플립 차트에 기록한다.
- 모든 의견이 제시될 때까지 조원들이 돌아가며 말한다.
  이 과정에서 토의를 하지 않고 조장은 조원들에게 다른 사람이 공유한 의견에서 연상되는 새로운 의견들을 적도록 격려한다.
- 이 과정에서 모든 조원들은 동등한 참여를 할 수 있도록 보장받고 그룹에서 낸 모든 의견들은 기록으로 제시받아야 한다.

4) 그룹 토의

- 다른 조원들이 낸 모든 아이디어가 불분명한 경우 말로 설명하고 추가적인 세부내용을 알 수 있도록 진행한다.
- 조장의 역할은 각 참석자가 참여하도록 하는 것이다.
  이 단계는 평가와 비평 없이 가능한 한 중립적으로 진행하는 것이 중요하다.

· 그룹은 새로운 항목에 대해 토의하도록 할 수 있고, 항목들을 카테고리로 묶을 수 있지만 어떤 의견이든지 삭제되어서는 안된다.

5) 투표와 우선 수위 정하기

· 이 단계는 처음 질문과 관련되어 기록된 의견의 우선순위를 정하는 것이다.

· 투표와 우선순위 정하기를 통해 질문에 대한 결론을 모든 조원들이 바로 확인할 수 있으므로 토의는 명확한 결과를 산출한다.

생각하기 1

원만하게 분쟁과 문제해결을 위한 화술 6가지

첫째, 듣지만 말고 생각 묻기

상대가 표현하기만 기다리고 상대가 말하는 것만 듣고 있으면 화술적으로 문제해결에 전혀 도움이 되지 않는다. 오히려 분쟁을 더 키울 수 있기에 당신이 먼저 나서서 상대의 의견과 생각을 묻고 듣는 것이 좋다. 상대는 자신의 입장만을 표현하기 때문에 내가 묻기 전까지는 정확하게 내가 이해할 수 있는 내용을 다 말하지 못한다. 그러니 먼저 물어봐야 문제해결의 실마리를 쉽게 찾을 수 있고 더 좋은 의견을 도출해 돼서 내 의견을 내려놓고 괜찮은 타협점을 만들어낼 수도 있다.

둘째, 당신의 의도를 정확히 말하기

당신의 화술능력이 아무리 높아도 당신의 의도와 다르게 상대는 당신의 의도를 잘못 받아드릴 수 있다. 이럴 때 상대가 이해한 것에 대해서 화를 내기보다는 충분히 그럴 수 있음을 이해하고 자신의 의도를 정확하게 전달하는 것이 좋다. 당신의 의도만 잘못 전달되었을 뿐이지만 그것을 제대로 이해시키지 않으면 불필요한 문제해결을 추가로 해야 할 수도 있다.

셋째, 사실 그대로 말하기

사실 그대로 말할 경우 대다수의 사람들은 분쟁이 생기거나 문제해결이 되지 않을 것이라고 생각하는 경우가 많다. 하지만 가감 없이 말하는 것이 오히려 주관적인 생각을 더해서 말하는 것보다 설득효과가 더 좋았다는 연구결과도 있다. 그러니 상황에 따라서는 있는 그대로 말하는 것이 더 좋을 수 있으니 걱정이 앞서서 복잡하게 말하지 말고 가감 없이 있는 그대로 표현을 해 보길 바란다.

넷째, 당당하기 하지만 단정적인 것은 피하기

당당함과 단정적인 것은 다름에도 일부에서는 당당하기 위해서 단정적으로 자신의 의견을 피력하는 경우가 있다. 이럴 경우 의견의 전달이 명확하게 되는 것이 아니라 당신은 더 이상 상대와 조율하지 않겠다는 모습으로 전달된다. 나는 충분히 조율할 의향이 있기에 조금은 부드러운 어투로 의견을 말하는 것도 충분히 좋은 문제해결을 위한 당당한 화술이다.

다섯째, 반대의견을 솔직하게 말하게 하기

문제해결에 있어서 반대의견을 말하는건 당연하다는 분위기를 만들어야 한다. 단순히 문제해결을 하기 보다는 좀 더 win-win할 수 있는 결과를 도출하는 것도 좋다. 그러기 위해서는 더욱 다양한 의견을 말할 수 있어야 하는데 다양한 의견을 말하기 위해서는 그에 상응하는 충분한 분위기가 따라주어야 한다. 그렇기에 당신은 평상시 상대로 하여금 반대의견 일지라도 편하게 말할 수 있게 화술로서 리더해야 한다.

여섯째, 서로 충분히 의견을 말했는지 확인하기

의견을 충분히 말하지 않는 것은 지금 당장 문제해결은 되도 추후에 다시 분쟁이 발생할 여지를 남기는 것과 같다. 그렇기에 당신은 대화의 마지막에 서로 충분히 의견을 말했었는지 여부를 확인하는 화술을 겸해야만 한다. 예를 들어서 '혹시 제가 확실하게 일을 처리하는데 좀 더 참고해야 할 사항이 있을까요?', '정신없이 흘러가느라 혹시 하지 못하신 말 있으면 말씀해 주시겠어요'와 같이 마무리가 된 이후에도 남은 의견이 없는지 충분히 확인해서 듣는 것이 좋다. 이것은 당신도 마찬가지로 적용이 되는 사항이기에 단순히 마무리하는 화술을 사용할게 아니라 당신 또한 남은 의견이 있을 경우 가볍게 말해주는 것이 추가적인 분쟁을 일으키지 않는 좋은 방법이다.[27]

---

27) http://cafe.naver.com/mcsmc/866

생각하기 2

유대인의 시끄러운 도서관, 예시바

예시바(Yeshiva), 유대인의 시끄러운 도서관 예시바란 무엇일까?

유대인들은 짝을 통해서 공부한다. 이것을 하브루타(짝)이라고 한다. 하브루타는 한국에 소개된지 오래전이지만 아직도 활성화되지 않았다. 유대인들은 이러한 토론 공부를 그들의 도서관인 예시바뿐만 아니라 가정, 학교, 직장에서도 실천한다. 유대인들은 토론문화 자체를 이미 오래전부터 가지고 있었다. 그렇다 보니 그들은 자연스럽게 이러한 것이 가능한 것이다.

그들은 모두 다 토론한다. 토론하는 것은 learning pyramid에 높은 위치를 차지하게 되고 결국 중점은 '생각하게 만든다'는 것이다. 자기 의견을 표현하려면 입으로 하지만 결국 자기에게 주어진 정보나 지식을 가지고 자기 판단, 초점을 가지고 표출한다. 이 과정에서 우리는 생각을 많이 하게 되고 결과로써 논리, 판단, 질문식 토론, 기억력 강화가 자연스럽게 이루어진다.[28)]

28) http://blog.naver.com/PostView.nhn?blogId=kq_young93&logNo=220787283829

도서관에 가면 조용해야 한다. 그런데 이상하지 않는가? 왜 조용해야 할까? 본래 우리나라의 공부는 시끄럽게 배운다. 서당에서도 그랬고 과거 공부하는 것도 역시 입으로 낭송하며 읽고 외웠다. 이러한 전통적 배움이 어느 순간에 사라지고 침묵과 묵독으로 일관하게 되었다. 도서관은 마치 경건한 성전이나 침울한 시골 같다. 서양으로부터 들어온 근대적 배움을 적용하면서 책은 조용히 읽어야 한다는 관념이 우리나라 교육을 지배하게 되었다.

그러나 노벨상의 왕국, 유대인들의 도서관은 아직도 시끄럽고 혼란스럽다. 의자를 맞대고 토론하고 대화하고 이야기한다. 도서관치고 너무 시끄럽다. 그런데도 그들은 탁월한 지적 업적을 쌓았고 어느 민족도 따라오지 못할 위대한 민족이 되었다. 무엇 때문일까? 결국 공부는 몸으로 해야 한다는 원초적 결론에 되돌아간 것이다.

고미숙은 '공부의 달인 호모 쿵푸스'에서 몸과 마음이 다르지 않음을 끊임없이 강조한다. 공부는 입으로 하고 발로하고 몸으로 하는 것이다. 체력이 지력인 셈이다. 이러한 사실을 이스라엘은 잘 알고 그 전통을 지켜오고 있다. 도서관은 공부하는 곳이 아닌 노는 곳이 되어야 한다는 것이 그의 지론이다.

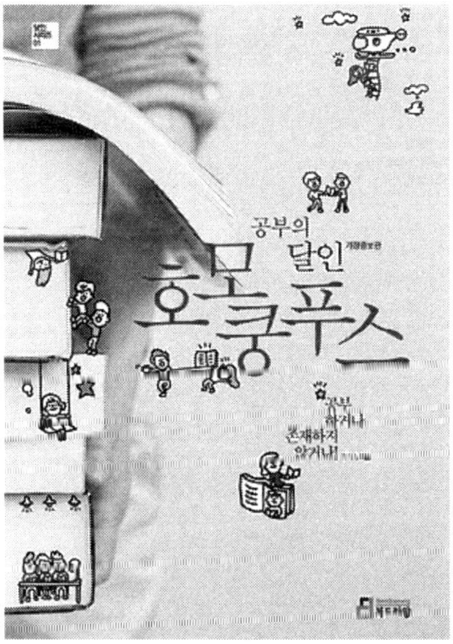

반갑게도 영국에 이런 도서관이 들어서고 있다는 소식이다. 런던 타워햄리츠 구에 위치한 새로운 개념의 복합도서관 '아이디어 스토어(idea store)'가 그 주인공이다.

이 도서관은 시끄럽다. 의자에 앉아서 이야기하고 토론하고 논다. 심지어 바로 옆에 카페가 있어 차도 식사도 가능하다. 이뿐 아니라 주변이 시장이라 시장을 보러 온 사람들이 이곳에 들러 책을 빌려가고 쉬었다 간다고 한다. 환경 친화형 도서관인 셈이다. 참으로 멋지지 않는가?

낭독에 답이 있다. 공부는 몸으로 해야 한다. 유태인의 공부에 보면 유태인들의 시끄러운 도서관 예시바를 소개한다. 서로 토론하고 이야기함으로써 논리를 체계화시키고 더 깊은 사상의 세계로 들어간다고 한다. 소리를 내는 것은 혼자 공부하지 않고 함께 공부하는 것이며, 소통하며 교환하는 과정을 통해 진리에 도달하려는 의도이다. 혼자서 누구와도 소통하지 않고, 지식을 습득하지 않고 함께 지식을 만들어가는 방식을 통해 유태인들은 자신들의 공부방식을 전승했다. 유태인 혼자가 아니라 우리의 공부를 한다. 세상과 소통하는 도서관, 자신만의 상아탑에 함몰되어 이웃을 돌아보지 못하는 고집불통의 탁상공론을 일삼는 일반 공부와는 너무 다른 것이다.[29]

---

29) http://cafe.daum.net/tgtn/T7VV/29?q=%BF%B9%BD%C3%B9%D9%20%B5%B5%BC%AD%B0%FC%20%B5%BF%BF%B5%BB%F3

CD의 크기는 어떻게 결정되었을까?

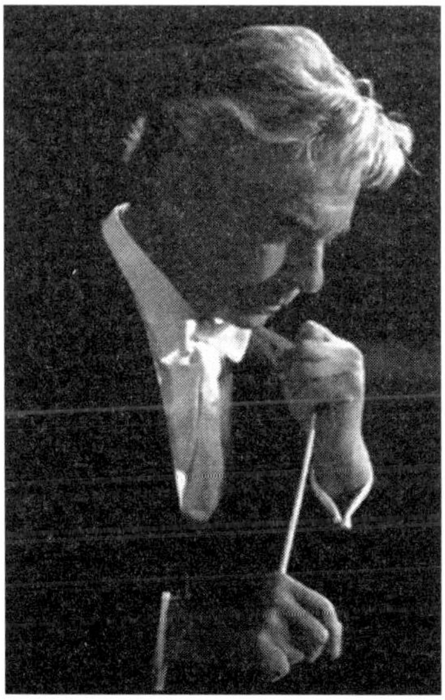

베토벤 제9번 교향곡 합창은 연주시간이 1시간이 넘는 상당히 긴 교향곡인데 너무 길다 보니 지휘자나 연주자의 구성에 따라 시간이 약간씩 차이가 난다. 흔히 카라얀이 지휘한 곡이 CD의 길이 기준이 되었다고 하는데 이건 틀린 이야기이다. 카라얀의 베토벤 제9번 교향곡은 세 번 녹음 되었는데, 1962년 녹음본은 67분 1초, 1976년 녹음본은 66분 54초, 1983년 녹음한 것은 66분 14초였다. 대부분 66~67분 내외이다.

기준이 된 것은 1951년 지휘사 Wihelm Furtwangler가 녹음한 버전이었는데, 이 녹음본의 길이가 74분이었다. 이렇게 된 이유는 원래 CD의 개발은 필립스에서 신행되고 있었다. CD가 나오기 전 음악을 담는 매체로 인기 있던 것은 카세트 테이프였고, 이 카세트 테이프의 대각선 길이를 재어 보면 11.5㎝가 나온다. 당시 필립스 기술진은 카세트 테이프의 대각선 길이보다 커서는 안된다는 생각에 CD의 지름을 11.5㎝로 결정했다. 60분이 약간 넘는 분량이었다.

당시 CD는 필립스와 소니가 공동개발을 하고 있었는데 여기에 소니의 부사장인 오가 노리오가 다른 의견을 제시한다. 상당히 긴 교향곡인 베토벤의 제9번 교향곡이

온전히 담겨질 수 있는 용량으로 적당하겠다는 이야기다. 따라서 처음에 물망에 올랐던 것이 그 당시(1980년) 유명한 지휘자였던 카라얀의 베를린 필하모닉 오케스트라의 연주본이었다. 이때는 1962년과 1976년 녹음본 밖에 없었고 이 두 녹음본의 길이를 재어 본 결과 67분 내외였으니 이것은 필립스 기술진이 제시한 11.5㎝로도 커버할 수 있는 용량이었다. 하지만 필립스의 자회사인 음반회사 폴리그램을 통해 다른 지휘자의 것까지 자세히 조사해 본 결과 1951년 녹음된 Wihelm Furtwangler의 녹음본은 무려 74분에 이르는 것으로 밝혀졌다.

결국 CD는 5㎜가 더 늘어난 12㎝로 결정되고 용량은 74분으로 결정된다. 이 규격이 그대로 CD-ROM으로 넘어오면서 용량이 650MB로 결정되었다. 그러다 트랙 간격이 조밀해지면서 용량은 80분(700MB)으로 늘어가게 된다.

즉 베토벤 제9번 교향곡의 연주 녹음본 하나가 CD의 크기를 결정짓고 그 이후 나온 DVD나 지금 한창 논의되고 있는 HD-DVD와 블루레이의 크기까지도 결정지었다고 할 수 있다.[30)]

30) http://blog.daum.net/komerichan/3280910

제6장 발상법 Ⅱ : 명목집단법(NGT) (2)

1. 지난 시간 내용 회상하기

1–1. 명목집단법이란?

1–2. 명목집단법을 통한 창의력의 요소에 대한 내용 회상하기

2. 명목집단법(NGT) 실습해 보기

'이 게임을 재미있게 즐기는 방법은 무엇일까?'

3. 명목집단법(Nominal Group Technique) 결과 도출하기

3-1. 자신의 생각을 작성하기

3-2. 주제별로 작성된 내용을 분류하기

3-3. 팀별로 3~4개로 요약 작성하기

생각하기 1

덕수궁 돌담길은 걸으면 왜 헤어진다고 할까?

1999년 서울시에서 걷고 싶은 거리 1호로 지정했고, 2006년 한국의 아름다운 길 100선에서 최우수상을 수상했다. 서울시 중구 정동길이다. 가을에는 낙엽을 쓸지 않는 길로 유명하다. 정동길은 너비 18미터의 일방통행 도로로 정동교회 앞 사거리에서 이화여자고등학교 동문 앞을 지나 새문안길에 이르는 구간을 일컫는다. 덕수궁 돌담길이라는 이름으로 더 유명하다. 그래서 이영훈이 작사 작곡하고 이문세가 부른 광화문 연가에서는 이런 가사로 등장한다.

'이제 모두 세월 따라 흔적도 없이 변하였지만
덕수궁 돌담길엔 아직 남아 있어요
다정히 걸어가는 연인들
언젠가는 우리 모두 세월을 따라 떠나가지만
언덕 밑 정동길에 아직 남아 있어요'

누군가에서는 걷고 싶은 길이고, 누군가에게는 옛사랑의 추억이 남아 있는 곳, 정동 그런데 이곳은 조선왕조의 비극이 묻혀 있는 곳이기도 하다.

정동은 '태조 이성계의 계비 강씨의 무덤인 정릉(貞陵)이 있는 곳'이라는 뜻으로 지어졌다. 태조는 강씨의 능을 이곳에 정성스럽게 치장해서 조성했고 자신도 이곳에 함께 묻히려 했다. 하지만 아내를 사랑한 평범한 필부로서의 꿈은 아들 이방원 때문에 산산조각 나버린다. 이복동생이자 강씨의 아들인 방번과 세자 방석을 살해하고 왕위에 오른 태종은 1409년 아버지가 세상을 떠난 이듬해에 정릉을 도성 밖으로 이전하라고 지시한다. 그렇게 이전한 곳이 지금의 성북구 정릉동이다. 또 태조의 능은 양주로 옮겼는데 지금의 구리시이다. 일부러 아버지와 계모의 능을 멀찌감치 떨어뜨려 놓은 것이다.

자신이 왕위에 오르는 것을 방해한 계모에 대한 이방원의 분풀이는 그것으로 끝나지 않았다. 철저하게 정릉을 파괴해서 봉분을 완전히 깎아 흔적을 남기지 말도록 했고 정자각은 헐어서 목재는 태평관을 짓는데, 석조물은 돌다리를 만드는데 썼는데 이 다리가 광통교이다. 장안에서 가장 넓은 다리를 만들면서 일부러 정릉의 석조물을 쓴 것은 많은 사람들이 밟고 지나가라는 잔인한 의도가 담겨 있다. 대신 무덤을 호위하고 있던 문무석인은 그대로 묻어 두라고 했는데 아직까지 발굴됐다는 소식이 없는 것으로 보아 조선 최초의 이 조각물은 아직 중구 정동 영국대사관저 주변에 묻혀 있을 가능성이 높다.

가을이면 유난히 더 걷고 싶은 거리 서울 정동길. 백년이 넘은 건물들과 아름다운 가로수, 잘 꾸며진 도로가 어우러진 풍경은 아늑하고 포근해서 산책로로, 데이트 장소로 사랑받고 있는데 그러나 어떤 연인들은 이 길을 걷는 것을 주저했던 적이 있거나 주저할 수 있다. 바로 '덕수궁 돌담길을 걸으면 헤어진다'는 속설 때문이다. 속설치고는 참 야박하다. 아름다운 연인들이 아름다운 길을 걸으며 사랑을 속삭이는 즐거움을 막는 것이니까. 왜 이런 말이 나왔는지 확실치 않다. 그러나 두 가지 설이 있어 소개한다.

첫 번째는 이혼한 부부들이 덕수궁 돌담길을 걸었기 때문이라는 설이다. 1927년 이 길에 경성재판소 건물이 들어섰다. 해방 후에는 대법원이었다가 1995년 서초동으로 이전하자 리모델링을 거쳐 2002년 서울시립미술관으로 개관했다. 그러나 법원이 아직 정동에 있던 시절 이혼소송을 하기 위해 혹은 마친 후에 버스를 타려고 덕수궁 돌담길을 걸어가는 부부가 많았고 그래서 덕수궁 돌담길을 걸으면 헤어진다는 말이 나온 것이 아닌가 하는 추측이 있다.

두 번째는 배재학교 학생들과 이화학교 학생들과 관련이 있다. 덕수궁 돌담길 주변에는 대한제국 시기에 설립한 이화학당과 배재학당이 있었다. 그런데 사춘기 풋풋

한 첫사랑을 시작한 남녀학생이 함께 이 길을 걷다가 정동교회 앞에 이르면 헤어져야 했다. 왜냐고요? 각자의 학교로 들어가야 했으니까.

그러나 덕수궁 돌담길에는 이 길을 걸으면 헤어진다는 속설보다 더 슬픈 역사가 담겨있다. 덕수궁이라는 이름부터 그렇다. 본래 이름은 경운궁으로 지금의 세 배 넓이에 170동 이상의 전각으로 이루어진 궁궐이었다. 고종이 일제의 강압으로 물러나면서 덕수궁으로 이름이 바뀌었다. 정치 일선에 나서지 말고 '덕을 쌓으며 물러나 있으라'는 굴욕적인 뜻이 들어있다.

뿐만 아니라 일제는 경운궁의 70%를 분할 매각해서 궁을 축소하고 중간에 길을 내고 담을 쌓았는데 그 길이 오늘날의 덕수궁 돌담길이다. 덕수궁 돌담길 자리는 원래 경운궁 안이었던 것이나. 그래서인지 덕수궁 돌담을 보면 궁궐 담치고는 참 삐뚤삐뚤하고 조약하다. 이래저래 슬픈 전설을 간직한 덕수궁, 앞으로는 덕수궁이라고 부르지 말고 경운궁이라고 불러야 한다는 주장이 나오고 있는데, 언제가 그렇게 된다면 덕수궁 돌담길을 걸으면 헤어진다는 속설도 옛말이 되겠지요.[31)]

---

31) 유선경, 문득 묻다(첫 번째 이야기), 지식너머, 2015, p.247-51.

도로 한복판에 서 있는 경복궁 동십자각(東十字閣)

경복궁의 모퉁이에 위치한 십자각은 일반적으로 궐(闕)이라는 것에서 비롯된 것으로 설명된다. 궐은 원래 부락시대에서 비롯된 것으로 일종의 군사기기 입구에 세워진 초소와 같은 것이다.

동십자각은 성벽 모서리 위 높은 곳에 각루를 설치하여 숙위하는 군인이 주변을 지켜보는 망루의 역할을 하였다. 경복궁의 십자각은 광화문을 중심으로 좌우로 길게 뻗은 담장의 양 끝에 위치하면서 각루의 대(臺) 벽면을 궁장보다 약간 돌출시켜 만들고 그 위에 높은 누각을 올려 대칭적인 건축 구성을 하였다.

경복궁 동십자각은 경복궁 전면부 동측에 궁장이 꺾이는 모서리 부분에 세워지고 또 반대쪽의 서십자각과 대칭되는 구성을 보인다. 그러나 현재는 경복궁의 서십자각은 없어지고 남동쪽 모서리에 동십자각만 남아있다.

조선 초기 태조 7년(1398년)에 궁성이 처음으로 축조되었을 당시 광화문 좌우에 십자각이 설치된 것으로 추정된다. 최근 광화문 터 주변 발굴조사에 따르면 고종 때 중건된 광화문 석축 하부에서 거의 같은 위치에 초창기 때 세워진 것으로 보이는 석축 하부 유구가 확인되어 고종시대의 경복궁 궁성 중건이 태조 7년 무렵 궁성 유적과 거의 동일한 위치인 것으로 판단된다.

현재 동십자각의 경우 경복궁의 담장에서 벗어나 도로 한복판에 홀로 서 있다. 이는 일제 강점기 때 조선박람회를 거치면서 현재와 같은 궁궐 담장에서 동떨어진 모습이 훼철된 것이다. 또한 서십자각의 경우 정확히 사라진 시기는 알 수 없으나 1926

년 초에 작성된 박물관 관람안내도에는 서십자각의 존재가 사라진 것으로 표기되어 있어 일제 강점기 때 궁궐의 정면에 위치한 이 두 각루의 기능을 완전히 말살한 것으로 보인다.[32]

32) 문화재청, 경복궁 동십자각 실측보고서 중에서 인용

낙미애진(樂美愛眞)의 디자인으로 선도하자

경남일보

낙미애진(樂美愛眞)의 디자인으로 선도하자

조용수 (한국국제대학교 산업디자인학과 교수)
2013.12.24 00:00 입력

글자크기

국내의 한 기업은 그 분야에서 세계 제일의 글로벌 기업으로 성장했는데 매출이 정부 예산과 비슷하다고 한다. 이 기업은 한국경제의 20%가량을 차지하고 있으며 만약 이 기업이 무너지면 한국경제에 막대한 영향을 끼칠 것이라고 우려의 소리가 많은데, 그중에 대표적인 사람으로 하버드 경영대학원의 타룬 칸나 교수이다.

후발기업이 '어떻게 글로벌 기업으로 성장할 수 있을까?'라는 배경에 무척이나 궁금해진다. 여기에는 다양한 분석과 의견이 있겠지만 '시대적 흐름의 예측, 철저한 준비, 그리고 선도적인 전략구축'이라는 사실에 많은 사람들이 동의하고 있다.

미래학자 앨빈 토플러는 현대사회의 흐름을 농업혁명, 산업혁명, 정보화사회를 거쳐 후기 정보화사회로의 변화를 그의 저서인 '제3의 물결'에서 밝히고 있다. 이런 흐름은 가전제품에도 그대로 적용되고 있으며, 이런 변화를 선도적으로 구축한 기업만이 세계적인 기업으로 이름을 남겼다.

80년대 이전의 가전제품은 미국과 유럽이 중심지였다. 이들 제품은 무겁고, 두텁고, 길고, 큰 것을 좋아한다는 선호도에 근거한 '중후장대(重厚長大)'이었다. 즉 무겁지만 견고하고 수명이 긴 제품을 생산하는 기업만이 최고의 기업이 된다는 사실을 증명해 주었다.

1980~90년대의 가전제품은 일본 기업을 중심으로 한 가볍고, 얇고, 짧고, 작은 특성을 가진 '경박단소(輕薄短小)'이었다. 정반대 개념으로의 전환을 예측하고 선도적으로 적용한 일본 기업은 세계시장에서 큰 인기를 독차지했으며 세계적인 기업으로 등장했다. 즉 세계 최초, 세계에서 가장 작은, 콤팩트한 제품을 생산하는 기업만이 세계 최고가 될 수 있었던 것이다.

하지만 기술의 평준화를 이룬 2000년대를 접어들면서 한국의 기업들을 중심으로 한 아름답고, 즐겁고, 윤택하고, 창조적인 것을 선호하는 '미유완창(美遊玩創)'으로 급변하게 된다. 소비자의 즐거움을 적극적으로 반영한 혁신적인 디자인, 창의적인 발상을 적용한 기술은 세계시장에서 승승장구함과 동시에 그 기업은 세계 최고의 글로벌 기업으로 등장하게 되었다. 매년 역사의 한 페이지를 장식해 가고 있지만 이런 변화의 흐름은 여기서 멈추지는 않을 것이다.

향후의 사회적 변화는 즐겁고, 아름답고, 사랑스러우며, 참된 것을 중심으로 한 낙미애진(樂美愛眞)의 사회로 급변할 것이라고 예측한다. 즐거움과 아름다움을 추구하는 제품, 인간미와 진실함을 선점하여 구축한 기업만이 세상의 중심에 등장하는 사회가 분명히 도래한다. 이런 변화에 꼼꼼히 숙고한 기술력을 갖자. 그리고 선도적인 디자인 역량을 구축하자. 그러면 우리 지역에도 세계적인 글로벌 기업이 탄생할 수 있을 것이며, 그 기업을 통해 지역사회는 활기를 되찾을 것으로 확신한다.

조용수 (한국국제대학교 산업디자인학과 교수)

국내의 한 기업은 그 분야에서 세계 제일의 글로벌 기업으로 성장했는데 매출이 정부 예산과 비슷하다고 한다. 이 기업은 한국 경제의 20% 가량을 차지하고 있으며 만약 이 기업이 무너지면 한국 경제에 막대한 영향을 끼칠 것이라고 우려의 소리가 많은데, 그 중에 대표적인 사람으로 하버드 경영대학원의 타룬 칸나 교수이다.

후발기업이 '어떻게 글로벌 기업으로 성장할 수 있을까?'라는 배경에 무척이나 궁금해진다. 여기에는 다양한 분석과 의견이 있겠지만 '시대적 흐름의 예측, 철저한 준비 그리고 선도적인 전략 구축'이라는 사실에 많은 사람들이 동의하고 있다.

미래학자 앨빈 토플러(Alvin Toffler)는 현대사회의 흐름을 농업사회, 산업혁명, 정보화 사회를 거쳐 후기정보화 사회로의 변화를 그의 저서인 '제3의 물결'에서 밝히고 있다. 이런 흐름은 가전제품에도 그대로 적용되고 있으며, 이런 변화를 선도적으로 구축한 기업만이 세계적인 기업으로 이름을 남겼다.

80년대 이전의 가전제품은 미국과 유럽이 중심이었다. 이들 제품은 '무겁고, 두텁고, 길고, 큰 것을 좋아한다'는 선호도에 근거한 '중후장대(重厚長大)'이었다. 즉 무겁지만 견고하고 수명이 긴 제품을 생산하는 기업만이 최고의 기업이 된다는 사실을 증명해 주었다.

1980~90년대 가전제품은 일본 기업을 중심으로 한 '가볍고, 얇고, 짧고, 작은 특성'을 가진 '경박단소(輕薄短小)'이었다. 정반대 개념으로의 전환을 예측하고 선도적으로 적용한 일본 기업은 세계시장에서 큰 인기를 독차지 했으며 세계적인 기업으로 등장했다. 즉 세계 최초, 세계에서 가장 작은, 콤팩트한 제품을 생산하는 기업만이 세계 최고가 될 수 있었던 것이다.

하지만 기술의 평준화를 이룬 2000년대 접어들면서 한국의 기업들을 중심으로 한 '아름답고, 즐겁고, 윤택하고, 창조적인 것'을 선호하는 '미유윤창(美遊潤創)'으로 급변하게 된다. 소비자의 즐거움을 적극적으로 반영한 혁신적인 디자인, 창의적인 발상을 적용한 기술은 세계시장에서 승승장구함과 동시에 그 기업은 세계 최고의 글로벌 기업으로 등장하게 되었다. 매년 역사의 한 페이지를 장식해 가고 있지만 이런 변화의 흐름은 여기서 멈추지 않을 것이다.

향후 사회적 변화는 '즐겁고, 아름답고, 사랑스러우며, 참된 것'을 중심으로 한 '낙미애진(樂美愛眞)'의 사회로 급변할 것이라고 예측한다. 즐거움과 아름다움을 추구하는 제품, 인간미와 진실함을 선점하여 구축한 기업만이 세상의 중심에 등장하는 사회가 분명히 도래한다. 이런 변화에 꼼꼼히 숙고한 기술력을 갖자. 그리고 선도적인 디자인 역량을 구축하자. 그러면 우리 지역에도 세계적인 글로벌 기업이 탄생할 수 있을 것이며, 그 기업을 통해 지역사회는 활기를 되찾을 것으로 확신한다.[33)]

---

33) 조용수, 낙미애진의 디자인으로 선도하자, 경남일보 2013. 12. 24일자 보도내용

제7장

발상법Ⅱ : 브레인스토밍(Brainstorming) (1)

1. 사전 작업

1-1. 조별 미팅

1-2. 이야기 열기

2. 창의적 발성법인 브레인스토밍에 대해 이해하기

2-1. 브레인스토밍이란?

2-1. 브레인스토밍의 네 가지 규칙

3. 브레인스토밍 실습해 보기

– 주제 : '우유'

4. 정리하기

4–1. What to say

4–2. How to say

이해하기 1

브레인스토밍과 브레인라이팅

1. 브레인스토밍(Brainstorming)

1) 브레인스토밍이란?

창의적인 아이디어를 찾기 위한 발상법이다.

2) 브레인스토밍의 출처

오스본(A. F. Osborn)이 개발한 기법으로 '회오리바람(storming)을 일으킨다'는 의미가 있어 참가자(stormer)들은 사고의 제한 없이 자유롭게 아이디어를 내게 된다. 물론 혼자서도 해 볼 수 있다.

3) 브레인스토밍의 장점

장점으로는 주제에 제한이 없고, 실행하기 쉽고, 질보다 양에 초점을 맞추기에 많은 아이디어를 얻을 수 있다. 이 과정 속에서 개선, 수정, 조합된 의견이 나올 수도 있다. 비판을 자제하고 받아들이는 분위기 속에서 진행되어 참가자들이 비교적 자유롭게 의견을 말할 수 있다.

4) 브레인스토밍의 단점

단점을 보자면 동기 없는 참가자는 시간을 낭비하는 등 효율성이 떨어질 수 있고, 다른 참가자의 노력에 무임승차하게 될 우려가 있다. 집단 수준에서 의사결정이 이루어지기 쉬우므로 의견을 낸 사람도 보상이 부적절하다고 불평할 소지가 있고, 다른 이들의 부정적 평가가 두려워 스스로 의견을 왜곡할 수도 있다. 결론에 대해서도 비판을 보류하거나 다수의 의견에 끌려가는 현상이 발생할 수 있다. 권위적이거나 강요와 압력을 행사하는 사람이 있다면 그가 원하는 방식으로 결론이 도출될 수도 있다.

5) 브레인스토밍의 절차

오스본은 12명 정도의 인원이 참가하면서 리더(주최자) 1명, 세크리터리(기록자) 1명이고 나머지는 아이디어만을 내는 브레인스토밍 방법을 제시했다.

브레인스토밍 기법이 성공하느냐는 리더에게 책임이 크다고 할 수 있는데, 리더는 자유로운 분위기 속에서 특정인의 의견대로 흘러가지 않도록 이끌어야 한다. 전원이 참여하여 아이디어를 낼 수 있도록 배려와 조정의 능력을 발휘해야 한다.

토의주제도 구체적인 안건을 제시해야 하며 가능하면 회의 며칠 전에 주제를 공유하여 참가자들이 미리 아이디어를 고민해 올 수 있도록 한다.

6) 브레인스토밍의 방법

우선 워밍업으로 긴장을 풀고 자유롭게 의견을 모은다. 의견이 충분히 나왔으면(시간을 정해놓고 하는 것이 좋음) 앞서 나온 의견을 유사한 것들끼리 분류하며 아이디어를 선별하여 점차적으로 추려낸다.

2개 정도가 남으면 충분히 토론을 거친 후에 최종적으로 의견을 선택한다.

2. 브레인라이팅(brainwriting)

1) 브레인라이팅이란?

많은 사람은 브레인스토밍 기법을 사용하는데, 브레인스토밍이란 자유롭게 의견을 나누며 아이디어를 찾는 방법이다. 하지만 대부분의 브레인스토밍은 한 두 사람의 아이디어에 의해 진행되거나 대세에 치중하는 경향이 생길 수 있는 등의 단점이 있다. 브레인스토밍의 이런 단점을 보완한 것이 브레인라이팅이다.

2) 브레인라이팅의 출처

브레인라이팅은 1968년 독일의 베른트 로르바흐(bernd Rohrbach) 교수가 브레인스토밍의 문제점을 극복하기 위하여 창안한 것이다.

3) 브레인라이팅의 방법

- 6명의 참가자가 책상에 둘러앉은 후 주제를 전달 받는다.
- 아이디어 3개를 약 6~8번 쓸 수 있는 종이를 각각 1장씩 나눠 갖는다.
- 각자 받은 종이에 주제에 합당한 아이디어 3개를 5분 내에 작성한다.
- 5분 이내에 오른쪽 사람에게 종이를 넘기고 왼쪽 사람으로부터 받은 종이에 발전된 아이디어를 작성한다.
- 이렇게 내가 처음 받은 종이가 다시 나에게 돌아오면 약 30분이 지난다.
- 6명이 3개의 아이디어를 6번 걸쳐 작성했기 때문에 총 108개의 아이디어를 얻을 수 있다.

4) 브레인라이팅의 장점

- 기존 브레인스토밍과 달리 말이 아닌 종이에 글로 적어 표현하여 발언에 소극적인 사람의 참여를 유도할 수 있고 한두 사람의 영향력을 줄일 수 있다.
- 연구에 따르면 브레인라이팅은 기존의 브레인스토밍보다 창의적 아이디어를 40% 더 생산한다고 알려져 있다.

역 브레인스토밍(reverse brainstorming)

1. 요약 : 기존의 아이디어에 대하여 비판을 생성하기 위해 비판을 장려하는 기법

2. 내용

- GE의 자회사 호트포인트사에서 고안하여 회의에 응용한 것으로 기존의 아이디어에 대해서 비판을 생성하기 위해 비판을 장려하는 기법이다. 다만 이 비판은 건설적인 비판이어야 하며, 기성의 제품이나 아이디어 등에 관해서 그 결점을 발언하고 제시된 결점의 해결방법을 찾는 것이다.
- 이 기법에서는 아이디어가 가질 수 있는 가능한 약점들을 모두 발견해 내고 그 아이디어가 실천될 때 잘못될 수 있는 것이 무엇인지를 예상해 볼 수 있게 하는 데 중점을 두는데, 통상 완성된 시스템이나 제품의 검토를 하는 회의 등에 이용된다.
- 브레인스토밍이 현실성이 없는 방법이라도 많이만 제출하면 좋았지만 역 브레인스토밍에서는 현실적인 결점을 지적하고 해결방법을 모색하는 것이 효과가 있다고 할 것이다.

3. 아이디어를 평가는 단계

- 다른 사람도 가능하지만 아이디어를 만들어 냈던 사람들이 아이디어를 평가하는 데 참여할 수 있게 한다.
- 차트 용지에다 아이디어 리스트와 함께 목표와 문제를 기록하여 잘 보이는 곳에 고정시킨다.
- 어떤 한 사람 또는 여러 사람이 리스트에 있는 첫 번째 아이디어에 대하여 비판을 가하고 그것을 차트 용지에다 적는다.
- 첫 번째 아이디어에 대한 비판을 모두하고 나면 두 번째 아이디어를 비판하는 방법으로 모든 아이디어를 비판한다.
- 이제 집단 전체는 아이디어들을 다시 음미해 보고 제시된 비판을 고려하여 필

요하다면 수정을 가하고 다듬어 최선의 해결책을 생성해 낸다.

- 약점이 가장 적고 문제를 잘 해결해 줄 수 있을 것 같은 아이디어를 선택한다. 그 다음의 단계는 실천을 위한 행동계획을 세운다.[34]

34) 경찰청, '아는 만큼 보입니다'에서 인용

재래시장을 살리자

재래시장은 백화점이나 대형마트와는 달리 그 도시의 역사적, 공간적 특수성을 반영하는 중요한 컨텍스트이다. 따라서 재래시장이 사회적, 지역 문화적으로 중요한 장소이다. 재래시장을 살리기 위해서는 시설과 서비스를 개선하는 차원을 넘어 뭔가 재래시장에서만 느낄 수 있는 향토적 이미지, 차별화된 분위기, 그 장소 특유의 서사적 구조를 살려내는 것이 필요하다.

재래시장 리모델링의 대표적인 사례로 터키의 카파르 차르시(Kapar Carsi)로 세계에서 가장 크고 오래된 실내시장으로 미로처럼 생긴 60여개의 통로에 5천여 개의 상점이 모여 있다. 비잔틴시대부터 동서양 교역의 중심지였던 카파르 차르시는 하루 평균 5만 명에서 최대 40만 명의 관광객이 방문하는 터키 이스탄블의 관광명소이다.

관광객이 가장 많이 찾은 관광명소

순위	관광지	국가	관광객 수(명)	순위	관광지	국가	관광객 수(명)
1	이스탄불 그랜드바자르	터키	9125만	9	나이애가라폭포	미국	2200만
2	멕시코시티 소칼로광장	멕시코	8500만	10	뉴욕 그랜드센트럴역	미국	2160만
3	뉴욕 타임스스퀘어	미국	5000만	12	디즈니월드 매직킹덤	미국	1858만
4	뉴욕 센트럴파크	미국	4000만	26	만리장성	중국	1072만
4	워싱턴 유니언역	미국	4000만	35	루브르박물관	프랑스	933만
6	라스베이거스 중심가	미국	3050만	47	롯데월드	한국	740만
7	메이지신궁	일본	3000만	49	에버랜드	한국	730만
7	도쿄 센소지	일본	3000만	50	타지마할	인도	700만

자료: 트래블+레저지(2013년 기준)

일본 오사카 도톤보리 인근에 위치한 구로몬 시장은 많은 재래시장이 사라지는 속에서도 옛 명성을 그대로 유지하고 있다. 30년 전부터 천막으로 아케이드를 설치했다. 2004년에는 환기와 조명을 대대적으로 보완과 바닥에 대리석을 깔아서 넓은 동선을 확보함과 동시에 보편적인 교통수단인 자전거 쇼핑이 가능하도록 했다. 양보다 질에 승부수를 건 전략으로 재래시장이라고 저렴하게만 팔기보다는 믿을 수 있는 상품을 정찰제로 팔겠다는 원칙을 가지고 백화점 못지않게 상품을 매력적으로 소포장하여 판매하는 것이 특징이다.[35] 이곳의 많은 상점들이 3대, 4대에 걸쳐 철저한 단골고객을 관리하고 있다.

35) 권영걸, 나의 국가디자인전략, 김영사, 2013, p.448.

제8장 발상법Ⅱ : 브레인스토밍(Brainstorming) (2)

1. 지난 시간 내용 검점

1–1. 브레인스토밍에 대한 회상하기

1–2. 브레인스토밍의 네 가지 규칙에 대해 점검하기

2. 브레인스토밍 실습하기

2–1. 주제 : 진주(晉州)

2–2. 브레인스토밍의 절차에 따라 의견 및 아이디어 도출하기

2–3. 도출된 의견을 그룹군으로 분류하기

2–4. What to say 작싱하기

2–5. How to say 작성하기

왜 스토리텔링인가?

스토리텔링(storytelling)은 이야기(story)를 이야기하기(telling)로 풀이된다. 기업마케팅, 문화콘텐츠, 관광산업 등 다양한 분야에서 스토리텔링 기법은 효과적인 마케팅 수단으로 인식되고 활용되고 있다. 특히 관광산업의 스토리텔링이란 특정 공간(장소)이 가지고 있는 문화 콘텐츠 관광자원(스토리)를 발굴, 개발하여 그 가치를 극대화(텔링)함으로써 마케팅 효과를 높이는 것을 말한다.[36)]

바야흐로 스토리텔링의 시대이다. 어떤 상황이든 어떤 서비스이든 어떤 관광지이든 스토리가 없으면 소비자에게 어필할 수 없는 분위기다. 왜 이와 같은 상황에 이르렀는가?

인간의 역사는 말, 이미지, 글로 된 신화나 동화, 전설과 함께 진행되어 왔으며, 모든 인간에게는 자신만의 이야기가 있다. 이야기가 주는 감동은 사랑을 사랑답게 하는 가장 중요한 문화적인 원동력이며, 인간은 다른 존재와 달리 이야기하는 존재(homo narran)이다.[37)]

1. 명품에는 이야기가 있다.

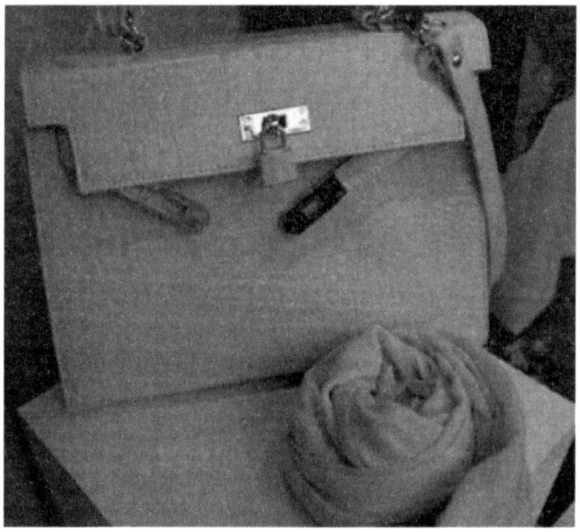

36) 하동군, 하동관광산업 스토리텔링 프로젝트 스토리텔링 대상지 정비 기본계획 연구보고서, 2009, p.6.
37) 한국관광공사, 관광스토리텔링 그 빛을 발한다, 2006, p.320.

에르메스(Hermes)라는 브랜드에는 몇 천만원을 호가하는 '켈리 백'이 있다. 모나코의 왕비가 된 그레이스 켈리(Grace Kelly)가 좋아하던 백이라서 켈리백이다.

원래 디자인은 말을 타던 기수들의 가방에서 비롯되었다. 똑같은 디자인의 백을 켈리백이 아니라 기수용 백이라 불렀다면 그렇게 비싼 가격에 팔 수 있었을까?

소비자는 백 하나를 구매하지만 그것은 곧 욕망을 구매하는 것이며, 그레이스 켈리의 우아함, 부유함, 매력 등을 동시에 구매하는 것이다. 세계의 모든 명품 브랜드가 이야기성, 역사성을 강조하는 것도 같은 이유이다. 상품에 이미지를 담기 위해, 마케터들은 전략적으로 이야기를 창조한다.

2. 유명한 관광지에는 이야기가 있다.

로마광장은 가본 사람이나 가보지 않은 사람이나 모두 알고 있을 것이다. 매년 수천만 명의 관광객이 로마 보카델라 베리타 광장(Piazza Bocca della Verita)에 와서 분수대 사진을 찍고, 진실의 입에 손을 넣어보고, 아이스크림집 앞에 길게 줄을 선다. 만약 오드리 헵번(Audrey Hepburn)의 '로마의 휴일' 영화가 만들어지지 않았다면 진실의 입을 알고 있는 사람이 몇 명이나 될까? 평범한 아이스크림은 또 그렇게 유명해졌을까? 이 석상이 한때 하수도 뚜껑으로 쓰였다는 것을 아시나요?

우리 머릿속에 로마하면 떠오르는 이미지, 그것은 바로 로마의 휴일이 만들어 준 스토리텔링의 힘이다.

3. 대표적인 예

1) 브뤼셀의 오줌싸개 동상

벨기에 브뤼셀을 찾는 관광객 대부분은 50㎝짜리 오줌싸개 동상을 보러 아침부터 그랑플라스 광장(La Grand-Place)에 몰려든다. 화려한 것도 아니고 규모가 크지도 않다. 하지만 어린 소년이 오줌을 누어 죽어가는 아버지를 살렸다는 이야기나 전쟁 당시 오줌으로 불을 껐다는 이야기를 들으며 모두 고개를 끄덕이는 것이다. 연간 관광객은 700만 명에 이른다.

1698년 네덜란드 총독을 시작으로 브뤼셀을 방문한 많은 국빈들이 꼬마 동상을 위해서 옷을 만들어와 입히는 것이 관례처럼 되었으며, 주변의 기념품 가게들도 그 이익을 얻고 있다.

2) 독일 로렐라이 언덕 관광지

옛날 라인강변의 한 마을에 로렐라이(Lorelei)라는 아름다운 소녀가 살고 있었는데, 그녀는 얼굴도 예뻤지만 그녀의 머리카락은 아주 곱고 탐스러웠다. 아름다운 목소리로 노래를 불렀고, 로렐라이가 사는 마을을 지나는 강은 그 물살이 아주 빠르고 소용돌이와 바위가 많은 곳이라 배의 침몰이 잦았다.

이 매혹적인 바위를 맨 처음 소재로 다룬 문학작품은 작가 브렌타노(Clemens Brentano))의 설화시인데, 라인강을 항해하는 뱃사람들이 요정의 아름다운 노랫소리에 도취되어 넋을 잃고 그녀의 모습을 바라보고 있는 동안에 배가 물결에 휩쓸려서 암초에 부딪쳐 난파한다는 줄거리이다. 이것이 하이네나 아르헨도르프 등의 서정시로 이어지면서 거의 전설처럼 되고 말았다.

하이네의 시를 F. 질허(Philipp F. Silcher)가 작곡한 가곡은 민요풍의 친근미에 넘치는 선율로 특히 유명하며 우리나라에서도 애창되고 있다.

3) 일본 아사히야마 동물원

아사히야마 동물원은 일본 아사히가와 시에서 운영하는 곳이다. 매년 300만 명에 가까운 사람들이 찾아올 정도로 인기가 좋다. 이곳은 규모도 보잘 것 없고, 추운지방에 위치해 있어 접근성이 상당히 떨어진다. 그럼에도 매년 일본인 뿐만 아니라 세계 각국에서 이 동물원을 찾아오는 사람들로 넘쳐난다. 뭔가 특별한 비결이라도 있는걸까?

이 동물원에서는 '기적'이 흘러나온다. 그 기적은 곧잘 '경영신화'나 '신념의 산물'로 불린다. 아사히야마 동물원은 한때 적은 입장수입과 투자부족으로 폐원 위기를 겪기도 했다. 하지만 사육사들의 자발적인 학습과 무언가를 강요하지 않은 분위기 속에서 끊임없이 연구하고 변화를 도모함으로써 성공 경영의 모델이 됐다. 책의 메시지는 간결하다. 직원 모두가 변화의 주체가 돼 행동함으로써 성공을 이루어낼 수 있다는 것이다.

시립인 아사히야마 동물원은 15년간 경영난에 허덕였다. 시에서 예산을 제대로 책정하지 않은 것과 시립인 이유로 입장료가 너무 싼 것이 이유였다. 이 고난의 기간에 아사히야마 구성원들은 미래를 향한 도약의 시간을 만들어갔다.

그들은 서로 의논했다. 열정적으로 스케치를 해가며 미래를 구상했고 그 결과는 적중했다. 시장이 바뀌면서 예산 지원을 받은 동물원은 말 그대로 날개를 달고 비상을 하게 된다. 그 후 동물원의 패러다임이 변했다.

기존 동물원이 그저 동물을 구경하는 차원이었다면 아사히야마 동물원은 동물과 인간이 함께 호흡하고 교감하는 차원을 꿈꿨다. 공상으로 치부됐던 염원은 불에 적신 기름종이처럼 타올랐고 마침내 동물원은 성공했다.

위로부터의 지시가 아닌, 1인 1종의 동물 돌보기 시스템에 익숙한 사육사들은 자신들이 돌보는 동물에 대해 책임감이 강했다. 따라서 사육사만이 알고 있는 동물의 자연스러운 습성을 관람객에게 소개한다면 굳이 동물 쇼를 선보이지 않아도 사람들이 관심을 보일 거라고 믿었다.

이에 사육사들은 빛처럼 빠르게 물속을 날아다니는 펭귄, 눈앞에서 헤엄치는 바다표범, 사람들의 머리 위로 맹수들이 유유자적 거니는 모습 등의 새로운 전시방법을 고안하면서 히트를 쳤다.

책은 조직이라는 울타리에 안주하지 않고 끊임없이 연구하고 변화를 도모함으로써 성공경영의 모델이 된 아사히야마 동물원의 이야기를 들려준다.[38)]

38) 아사히야마 동물원 이야기, 뉴스천지 2012. 6. 23일자 보도내용

생각하기

우동집만 900개, 가가와현 최고의 우동

일본 본토를 이루는 4개 섬 가운데 가장 작은 시코쿠의 가가와현은 우동의 왕국으로 불리는 곳으로 우동공장만 1,200곳이 넘는다. 높은 인기를 바탕으로 사누키 우동을 소재로 한 관광상품이 다양하다. 사누키 우동 제작과정에 참여할 수 있는 나가노 우동학교는 100년 역사를 자랑하는 일본 최초의 우동학교다. 연간 7만 명의 관광객이 우동 체험을 다녀간다.[39)]

찬바람 불면 생각나는 우동, 따끈한 국물 한 입이면 얼음장 같던 손과 발, 마음이 다 스르르 녹는 기분이다. 겨울이면 생각나는 별미 우동집 약 900개가 모여 있는 곳이 일본에 있다. 닭갈비를 먹으러 춘천에 가듯, 일본사람들은 우동을 먹으러 가가와현에 간다고 할만큼 우동으로 유명한 곳이다.

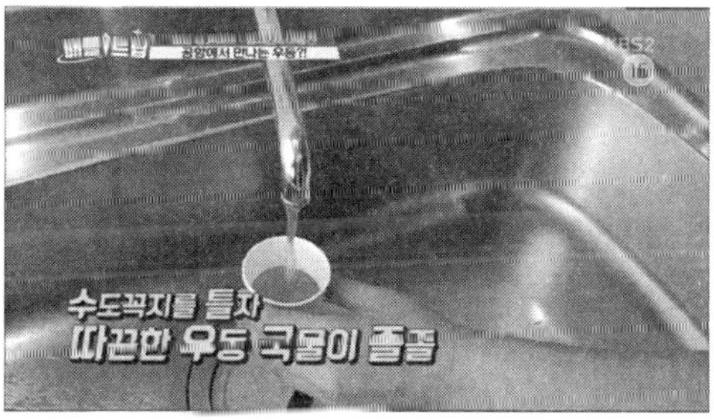

인천공항에서 비행시간 1시간 30분이면 일본 다카마쓰 공항에 도착한다. 그런데

39) 권영걸, 나의 국가디자인전략, 김영사, 2013, p.463-4.

이곳에는 다른 공항에서 볼 수 없는 특별한 것이 있다. 바로 우동국물이 나오는 싱크대다.

겉보기에는 평범한 싱크대지만, 수도꼭지를 틀면 바다의 향이 느껴지는 따뜻한 우동국물이 나온다. 처음에는 싱크대에서 우동국물을 시식한다는 점이 거부감을 들게 한다. 하지만 디포리와 가쓰오부시로 맛을 낸 짭조름하고 깊은 국물 맛을 보면 여행 준비로 고단했던 몸과 마음이 안정된다.

다카마쓰 공항에서 리무진 버스로 약 1시간 정도 이동하면 다카마쓰 역에 도착한다. 이곳에서 가가와현의 우동마을로 들어가기 위해서는 우동택시 혹은 우동버스를 이용하면 된다.

우동택시와 우동버스 모두 우동맛집을 순회하는데 도움이 된다. 먼저 우동택시는 우동 전문가인 기사의 설명을 들으며 원하는 곳으로 다닐 수 있는 자유투어에 적합한 교통수단이다. 사전에 이용예약을 하고 원하는 장소와 시간대에 픽업 일정을 말하면 된다. 또한 우동택시는 시험을 통과한 사람만이 운행할 수 있을 만큼 엄격하게 운영되고 있으며, 원하는 우동 메뉴를 말하면 식당 추천도 받을 수 있다. 이용요금은 1시간당 4,700엔 정도이다.

우동버스는 가가와현의 다양한 우동맛집을 순회하는 투어버스다. 우동맛집과 관광명소 투어를 동시에 할 수 있다. 우동버스의 장점은 반일코스와 1일 코스 사전 예약제로 나뉘어져 있어 자신의 일정에 맞게 조절할 수 있다는 것이다. 이용가격은 반일 코스는 어른 1,000엔, 어린이 500엔이다. 1일 코스는 어른 1,500엔, 어린이 750엔으로 우동택시보다 저렴해 주머니 사정이 가벼운 배낭여행객들에게 좋다.

다카마쓰 역에서 우동택시로 약 40분정도 이동하면 우동학교에 도착한다. 일본 유명 개그맨도 자주 찾는다는 이곳은 우동에 관심이 많은 우동 매니아라면 한번쯤 가보는 관광코스다.

우동학교에서 만드는 우동은 밀가루와 소금, 물 이외에는 다름 첨가제를 섞지 않아 건강한 맛이 일품인 사누키 우동이다. 이곳의 맛짱 선생님은 정통 사누키 우동면의 배합비율을 친절하게 알려준다. 또 그는 발로 반죽을 치대는 족타를 할 때 가수 장윤정의 어머니와 싸이의 강남스타일을 틀어주면 흥겨운 리듬에 맞춰 쫄깃한 면발이 나올 수 있도록 재미있게 알려준다.

우동학교에서는 언어는 다르지만 우동에 대한 관심과 따뜻한 마음 하나로 우동이 만들어지는 전 과정을 지켜볼 수 있다. 우동학교에서 만든 밀가루 반죽, 면 등은 집으로 가져갈 수 있으며, 예약은 홈페이지에서 방문 3일 전까지 접수할 수 있다.

가가와현은 우동도 유명하지만 과거 간장을 만드는 주조장으로도 유명했다. 일본 유형문화재로 등재된 이곳은 지금은 사누키 우동가게로 개조됐다. 세월의 흔적이 느껴지는 소담한 일본식 정원을 가지고 있으며, 아름다운 경치를 보며 우동을 먹을 수 있다는 것이 특징이다.

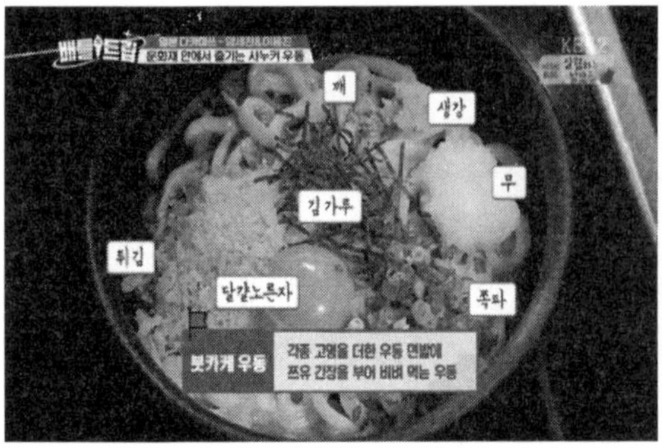

붓카케 우동은 튀김가루, 김가루, 깨, 생강, 쪽파, 달걀 노른자 등 각종 고명을 더한 탱탱한 우동 면발에 쯔유 간장을 부여 비벼먹는 우동이다. 다음으로 가마아게 우동은 면수에 담겨 나온 담백한 우동면에 쯔유 간장에 깨와 쪽파, 연겨자를 넣어 양념한 쯔유 간장에 찍어 먹는 우동이다. 여러 가지 고명을 먹는 붓카케 우동과는 달리 우동 면발 고유의 식감과 진한 간장의 맛을 느낄 수 있어 군더더기 없는 맛을 자랑한다.[40]

40) 2017년 2월 21일자 KBS 보도내용 중에서 일부분 수정

토끼간을 파는 용궁역

용궁은 용신(龍神)인 용왕이 살고 있는 곳을 말한다. 이는 대개 강, 바다, 나무 속, 우물 속, 설산의 기슭이 그 대상으로 청결한 땅, 즐거운 숲속, 꽃과 과일, 아름다운 새소리, 노래와 춤, 금, 은 등으로 만들어진 공원, 미녀와 쾌락과 장수, 여의주와 진미 등으로 그 아름다움이 묘사된다. 뱀을 살려 주어 용궁에 초대되는 이야기, 인류의 행복을 위하여 용궁으로 여의주를 찾아 떠나는 이야기 등.

용궁을 무대로 한 많은 설화문학이 불교의 발상지인 인도에서 나타났으며 한국에서도 고려 태조의 이야기인 '왕건과 용녀', '동부여의', '금와', '귀토지설' 등 용궁에 대한 설화가 있다.

그런 용궁에 대한 지명을 가지고 있는 도시가 경상북도 예천에 있다. 경상북도 예천지역의 옛 지명인 용궁은 용담소와 용두소의 용이 이루어 놓은 수중의 용궁과 같이 지상에도 이러한 용궁을 만들어보자는 뜻에서 붙여진 이름이라고 한다.

바로 그곳에 추억의 간이역인 용궁역이 있다. 그러면 용궁역에는 무엇이 있을까? 이곳 주변에 국내에서 가장 많은 토지(12,232㎡)를 소유하여 부자나무로 알려졌으며, 매년 세금을 내는 나무인 천연기념물 제400호인 팽나무 황목근을 찾아가는 길이 있었다. 용궁역은 경부선에 있는 기차역으로 산양역과 개포역 사이에 있는 역으로 1928년 11월 1일 보통역으로 영업을 시작하였으며 2004년에 무배치 간이역이 되었다. 간이역에는 역무원은 없고 JARA Coffee shop과 토끼간 빵집만이 영업을 하고 있다.

토끼간 빵집, 아주 자그마한 아이디어 하나가 이렇게 작은 간이역을 멋들어지게 활성화 시키다니 어쩌면 슬슬해 보일 무인 간이역을 재미있게 꾸몄다는 사실이 정말 재미있다. 자라커피숍과 토끼간 빵, 브랜드 이름도 얼마나 정겹던지. 또한 토끼간 빵집에는 토끼간 빵을 비롯하여 예천활 빵, 세 가지 맛 찹쌀떡, 하루 칼슘 쿠키 등 다양한 상품들이 손님을 맞이하고 있었다.[41]

41) http://blog.naver.com/ksb115205/220918882023

제9장

발상법Ⅲ : 표적집단면접법(FGI) (1)

1. 지난 시간 내용 검점

– 지난 시간에 제출한 브레인스토밍 결과에 대해 회상하기

2. 표적집단면접법(focus group interview)을 이해하기

2–1. 표적집단면접법이란?

2–2. 표적집단면접법의 장 · 단점

3. 표적집단면접법(FGI)을 실습해 보기

3-1. 관찰하기 : 영상물 'Fish is fish' 시청하기

3-2. 분석하기 : 개인별로 시청한 영상물을 회상하며 분석하기

3-3. 보고하기 : 실습일지에 맞게 순서대로 작성하여 제출하기

영상 'Fish is fish'

– 배경 및 등장인물 : 깊은 숲속의 조그만 호수에 함께 살아가는 물고기와 올챙이

– 주요영상

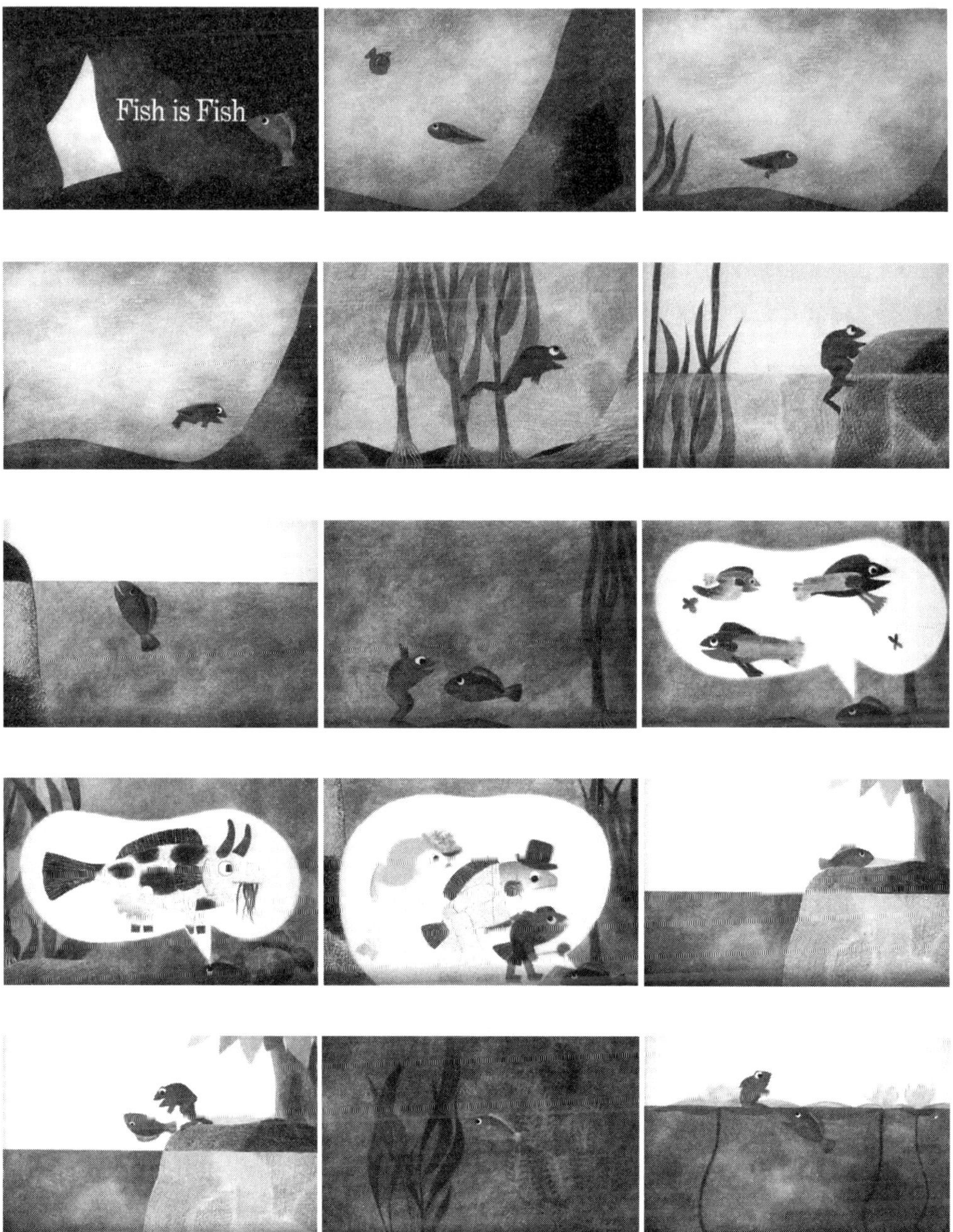

표적집단면접법에 대하여

1. 표적집단면접법(FGI)란?

전문지식을 보유한 조사자가 소수의 응답자 집단을 대상으로 특정한 주제를 가지고 자유로운 토론을 벌여 필요한 정보를 획득하는 방법으로 마케팅 조사자가 가장 많이 이용하는 탐색조사 방법 중의 하나이다.

2. 표적집단면접법(FGI)의 목적

표적집단면접법의 목적은 소수의 응답자들간의 자연스러운 대화과정에서 조사목적과 관련된 유용한 정보를 얻거나 공식적인 설문조사에서 기대하지 못한 결과를 발견하는 데 있다. 응답자들의 자연스러운 의사표시에 자극을 받아 다른 응답자들도 부담 없이 의견을 표시하게 되므로 양질의 정보가 도출된다. 이러한 장점으로 인하여 우리나라의 기업들이 신제품 아이디어 도출, 소비자들의 제품 구매 및 사용 실태에 대한 전반적 이해, 본 조사 전의 설문지 작성에 필요한 기본적 정보의 수집 등을 위해 표적집단면접법을 널리 이용하고 있다.

3. 표적집단면접법(FGI)의 특징

- 집단의 크기 : 6~12명
- 집단구성 : 동질적
- 면접장소의 환경 : 편안하고 비공식적인 분위기
- 소요시간 : 1~3시간
- 기록수단 : 녹음기 및 비디오카메라 사용
- 관찰방법 : 면접진행자에 의한 관찰 및 상호 대화의 유도[42]

---

42) http://blog.naver.com/mylifeising/100042650973

4. 표적집단면접법(FGI)의 장 · 단점

1) 장점 : 개별적인 면접보다 더 많은 유용한 정보의 획득이 가능하다.
타인의 의견을 통해 자신의 의견을 더 많이 발표할 가능성이 높다.
자신과 타인이 비슷한 것을 알고 편안하게 의견을 제시할 수 있다.

2) 단점 : 진행자의 능력과 자질에 의해 영향을 많이 받는다.
조사 절차가 비체계적이므로 결과의 분석과 해석이 곤란한 경우가 많다.
조사의 결과가 특정 집단의 의견에 불과하므로 일반화의 문제점이 있다.

5. 표적집단면접법(FGI)의 진행자

표적집단면접법에서 진행자는 moderator로 전문적인 진행자를 말한다. 전체적인 토론의 방향과 분위기를 조사 방향과 맞게 통제하는 기술과 함께 참석자의 심층적인 동기와 니즈를 파악해 낼 수 있는 심리학적 지식을 필요로 한다.

토머스 제퍼슨 기념관 관장의 질문

워싱턴 주에 있는 토머스 제퍼슨 기념관(Thomas Jefferson Memorial)[43]의 외곽 벽이 심하게 부식되고 있었다. 원인을 파악하는 과정에서 관리직원들이 돌을 필요 이상으로 청소하기 때문이라는 뜻밖의 사실이 밝혀졌다. 사람들은 덜 자극적인 화학세제를 사용해야 한다고 지적했다. 그런데 당시 기념관 관장은 다음과 같은 질문을 던졌다.

관장 : 왜 제퍼슨 기념관을 그렇게 청소하나요?

직원 : 비둘기들이 떼 지어 몰려와 똥을 싸 놓고 가기 때문입니다.

---

43) 미국의 수도 워싱턴에 있다. 1776년 독립선언문의 기초위원이었고 미국의 제3대 대통령이었던 토머스 제퍼슨(Thomas Jefferson)을 기리기 위해 1943년 4월 13일 지정되었다. 1943년 완공된 신식민지주의풍 건축양식의 건물로 원형대리석 계단, 주랑 현관, 이오니아식의 원형 열주, 낮은 돔형 지붕 등을 갖추었다.(두산백과에서 인용)

관장 : 그런데 비둘기들은 왜 몰려오나요?

직원 : 거미를 잡아먹기 위해서입니다.

관장 : 왜 그렇게 거미가 많은가요?

직원 : 나방 때문입니다. 나방이 많아 나방을 먹고 사는 거미가 많이 몰려드는 것입니다.

관장 : 왜 그토록 많은 나방이 생기는 것일까요?

직원 : 해질녘 켜 놓은 기념관 불빛에 나방이 몰리는 것입니다.

그 후 제퍼슨 기념관은 외곽조명을 2시간 늦게 켰다. 나방이 모이는 시간대에 불을 켜지 않으니 나방이 날아들지 않았고, 자연히 거미도 없어지면서 비둘기 역시 몰려들지 않았다. 결국 기념관 외곽조명을 2시간 늦게 켠 것이 기념관 벽의 부식을 막는 해결책이었다.[44]

44) 정경원, 소통하는 강의를 위한 토의수업 전략과정, 한국대학교육협의회 고등교육연수원, 2016, p.17.

감성디자인으로 나아가자

경남일보

홈 > 오피니언 > 겁일춘추

감성디자인으로 나아가자

조용수 (한국국제대학교 산업디자인학과 교수)

2013.12.03 00:00 입력

글자크기

고속도로를 운행하다 보면 매번 500m나 1㎞ 전방에는 안내간판이 설치되어 있다. 하지만 그 내용이 '전방 500m 표 파는 곳', '전방 1㎞ 돈 받는 곳'에서 '전방 500m 표 사는 곳', '전방 1㎞ 돈 내는 곳'으로 조금씩 변화되었다는 사실에 대해 이용자는 거의 모른다.

'파는 곳'에서 '사는 곳'으로, '받는 곳'에서 '내는 곳'으로의 변화는 미묘하지만 개념에는 큰 차이를 보인다. 즉 공급자 중심에서 이용자 중심이라는 개념의 변화가 절대적으로 중요하다.

고자세와 자기중심의 대명사로 인식되었던 관공서를 요즈음 방문해 보면 호칭이 '~씨'에서 '~님'으로, 위압적이고 딱딱한 분위기에서 쾌적하고 편안한 분위기로, 고압적 자세와 불친절에서 부드럽고 친절한 말씨로 변화되어 방문객을 감격하게 한다. 예전과 비교하면 큰 격세지감을 느끼지만 방문객 중심으로 변화를 감지하게 한다.

우리는 이용자나 방문객을 중심으로 변화된 사회를 '감성사회'라고 하고, 이에 근거한 디자인적 생각을 '감성디자인'이라 한다. 이런 변화에 영향을 준 것은 많은 정보를 통해 형성된 물질적 풍요와 소비자의 의식변화에 기인하고 있다.

벨크(Rusell W. Belk)는 육체적이며 인간의 삶을 유지하기 위해 반드시 필요한 것을 필요(need), 정신적이며 필요가 아닌 충분조건으로 희망하는 것인 욕구(want), 그리고 정신과 육체를 모두 포괄하는 것으로 특정적이며 사회적 관계를 갖는 것을 욕망(desire)으로 구분하여 감성사회의 근거점을 제시하고 있다. 즉 우리는 필요와 욕구의 사회를 거쳐 욕망을 중시하는 감성사회에 살아가고 있는 것이다.

감성사회의 키워드인 욕망은 요즈음 폭발적인 인기를 누리고 있는 카카오 톡과 페이스 북이라는 매개체를 통해 표출되고 있다. 또한 그 배후에는 사회적 관계를 통해 나타나는 '감동'이라는 필수적인 요소도 존재하고 있다.

따라서 매개체를 통해 표출되는 욕망, 이용자나 소비자의 내면을 통해 생성되는 감동, 이 두 단어가 감성사회의 화두가 됨은 당연하며 디자인에도 그대로 적용된다. 즉 소비자의 내면을 감동하게 하고, 소비자의 외적 욕망을 표출하는 디자인을 좋은 디자인이라고 칭하는 시대에 살아가고 있다.

이 때문에 우리는 감성시대의 변화와 요청을 적극적으로 파악한 후 욕망을 표출하여 관계를 소통하게 하는 디자인, 편리함으로 사용자를 감격하게 하는 디자인, 이용자 체험에 근거를 둔 스토리텔링 디자인 등을 개발하여 실행하자. 시대적 필요를 적극적으로 활용하는 기업이나 단체만이 감성사회의 주도자가 되며 그 지경을 넓히게 될 것이다.

조용수 (한국국제대학교 산업디자인학과 교수)

고속도로를 운행하다 보면 매번 500m나 1㎞ 전방에는 안내간판이 설치되어 있다. 하지만 그 내용이 '전방 500m 표 파는 곳', '전방 1㎞ 돈 받는 곳'에서 '전방 500m 표 사는 곳', '전방 1㎞ 돈 내는 곳'으로 조금씩 변화되었다는 사실에 대해 이용자는 거의 모른다.

'파는 곳'에서 '사는 곳'으로, '받는 곳'에서 '내는 곳'으로의 변화는 미묘하지만 개념에는 큰 차이를 보인다. 즉 공급자 중심에서 이용자 중심이라는 개념의 변화가 절대적으로 중요하다.

고자세와 자기중심의 대명사로 인식되었던 관공서를 요즈음 방문해 보면 호칭이 '~씨'에서 '~님'으로, 위압적이고 딱딱한 분위기에서 쾌적하고 편안한 분위기로, 고압적 자세와 불친절에서 부드럽고 친절한 말씨로 변화되어 방문객을 감격하게 한다. 예전과 비교하면 큰 격세지감을 느끼며 방문객 중심으로 변화를 감지하게 한다.

우리는 이용자나 방문객을 중심으로 변화된 사회를 '감성사회'라고 하고, 이에 근거한 디자인적 생각을 '감성디자인'이라 한다. 이런 변화에 영향을 준 것은 많은 정보를 통해 형성된 물질적 풍요와 소비자의 의식 변화에 기인하고 있다.

벌크(Rusell W. Belk)는 육체적이며 인간의 삶을 유지하기 위해 반드시 필요한 것을 필요(need), 정신적이며 필요가 아닌 충분조건으로 희망하는 것이 욕구(want) 그리고 정신과 육체를 모두 포괄하는 것으로 특정적이며 사회적 관계를 갖는 것을 욕망(desire)으로 구분하여 감성사회의 근거점을 제시하고 있다. 즉 우리는 필요와 욕구의 사회를 거쳐 욕망을 중시하는 감성사회에 살아가고 있는 것이다.

감성사회의 키워드인 욕망은 요즈음 폭발적인 인기를 누리고 있는 카카오 톡과 페이스 북이라는 매개체를 통해 표출되고 있다. 또한 그 배후에는 사회적 관계를 통해 나타나는 '감동'이라는 필수적인 요소도 존재하고 있다.

따라서 매개체를 통해 표출되는 욕망, 이용자나 소비자의 내면을 통해 생성되는 감동, 이 두 단어가 감성사회의 화두가 됨은 당연하며 디자인에도 그대로 적용된다. 즉 소비자의 내면을 감동하게 하고, 소비자의 외적 욕망을 표출하는 디자인을 좋은 디자인이라고 칭하는 시대에 살아가고 있다.

이 때문에 우리는 감성시대의 변화와 요청을 적극적으로 파악한 후 욕망을 표출하여 관계를 소통하게 하는 디자인, 편리함으로 사용자를 감격하게 하는 디자인, 이용자 체험에 근거를 둔 스토리텔링 디자인 등을 개발하여 실행하자. 시대적 필요를 적극적으로 활용하는 기업이나 단체만이 감성사회의 주도자가 되며 그 지경을 넓히게 될 것이다.[45)]

45) 조용수, 감성디자인으로 나아가자, 경남일보 2013. 12. 3일자 보도내용

정조(正祖)가 가장 듣기 싫어했던 말

조선 5백년의 역사에서 그래도 '백성들이 나라의 근본'이라는 생각을 실제의 정치에서 실천하려고 노력했던 임금 두 사람을 꼽자면 전기에는 세종대왕이고 후기에는 정조대왕 이었다. 유교정치의 기본이 민본사상(民本思想)에 있었다면 백성들의 아픔을 조금이라도 덜어주려 온갖 힘을 기울인 임금이 바로 세종과 정조였다. 백성들이 뜻을 펴고자 해도 문자를 알지 못해 글로 표현할 방법이 없는 것을 안타깝게 여겨 한글을 창제하는 위업을 이룩한 점을 생각하면 세종의 뜻을 알 수 있습니다.

다산 정약용 같은 뛰어난 사상가이자 학자였던 사람이 칭송해 마지않았던 정조의 백성들을 아끼던 정신을 살펴보면 역시 정조는 분명히 탁월한 민본정치가였다. 다산이 형조참의(刑曹參議)라는 벼슬에 있으며, 정조와 형사재판에 관한 의논을 하며 나눈 대화에 대한 기록을 보면 정조가 얼마나 백성들의 억울한 재판을 공정하고 바르게 고치려는 노력을 기울였던 것을 쉽게 이해할 수 있습니다.

'대체로 착한 것을 좋아하고 악한 것을 싫어하는 것은 의(義)이고 지(智)이다. 큰 죄악이 있어 반드시 죽여야 할 사람을 보고서도 그를 끝없이 살리려고만 한다면 이는 인의예지(仁義禮智)의 사덕(四德)에서 의와 지는 빠뜨린 것이다. 그런데 어떻게 덕이 되겠는가. 나는 대체로 한 사람이라도 죄 없는 사람을 죽이는 일은 하지 않으려고 그러는 것이지, 내가 살리기만을 좋아하는 사람은 아니다. 조정의 관료들은 몇 해를 두고 나를 섬겼으면서도 나의 뜻은 모르고 언제나 나를 보고 살리기만 좋아한다고들 말하니', 이는 내가 가장 듣기 싫어하는 말이다(跋祥刑攷艸本).

이러한 임금의 말씀을 들은 다산은 '아아, 성대하도다. 임금의 말씀이여!(嗚呼盛矣聖人之言也)'라고 감탄을 연발하면서 정조대왕의 호생지덕(好生之德), 즉 인명을 존중하고 사람을 살려내려는 위대한 덕에 찬탄을 아끼지 않았다. '선선오악(善善五惡)', 즉 착한 사람을 착하게 여기고 악한 사람을 미워함이야 너무나 당연한 일, 사람 살려내기를 좋아한다는 칭찬에 겨워 착한 사람도 살려내고 반드시 죽여야 할 악한 사람도 살려준다면 호생(好生)의 덕이 아니라 불의한 일이고 지혜롭지 못한 일이다. 이를 잘 알고 있으면서도 한 치라도 억울한 죽음이 있어서는 안된다는 뜻에서 가능하면 살려주는 쪽으로 재판이 임해야 한다는 정조의 뜻이 참으로 위대하기 때문에 다산은 그런 정조의 덕에 감복할 수밖에 없었다.

누구라도 죗값은 치러야하므로 행여나 '용서'나 '호생(好生)'을 빙자하여 법망에서 벗어나는 범법자가 있어서는 안된다는 것도 국민의 뜻이다. '의'와 '지'에서 벗어나는 덕(德)은 덕이 아님을 알아 정의를 세워야하며 범법자가 빠져나가는 불의와 무지는 반드시 막아야 한다.[46]

46) 박석무, 다산연구소 제952회 사설에서 인용

제10장

발상법 Ⅲ : 표적집단면접법(FGI) (2)

1. 지난 시간 내용 검점

– 지난 시간의 표적집단면접법에 대해 회상하기

2. 표적집단면접법(FGI)을 실습해 보기

2–1. 관찰하기 : 영상을 보고 스토리 이어가기

2–2. 분석하기 : 그 후 스토리를 요약하기

2–3. 보고하기 : 스토리 발표하기

영화 '모나리자 스마일'

모나리자 스마일(Monalisa smile)은 마이크 뉴얼 감독의 작품으로 2003년 미국에서 개봉한 영화이다. 줄리아 로버츠(Julia Roberts), 커스틴 던스트(Kirsten Dunst), 줄리아 스타일스(Julia Stiles), 매기 질런홀(Maggie Gyllenhaal), 줄리엣 스티븐슨(Juliet Stevenson) 등이 출연했다. 1950년대의 웰슬리 대학(Wellesely college)을 배경으로 당시의 여성의식을 담고 있다.[47]

서부에서 학위를 따고 낯설고 보수적인 동부의 대학교수로 부임한 캐서린은 첫 수업 때부터 똑똑하고 당찬 제자들과 기 싸움을 벌이는데, 이런 여제자들의 학위목표가 현모양처라는 것에 안타까움을 느낀다.

패미니즘[48]의 작은 파도를 일으키는 과정에서 현대미술 수업방식이 적절하게 적용되는 것이 재미있다. '너희들에게 익숙한 고흐도 고작 60년 전엔 누구에게도 인정

47) 위키백과 사전에서 인용

48) 여성주의를 기반으로 여성들이 주체가 되어 성 평등사회를 실현하기 위해 벌이는 조직적이고 지속적인 실천 활동(한국민족문화대백과에서 인용)

받지 못한 영혼이었다.' 예일대 대학원에 합격하여 첫 결실을 보여줄 것 같았던 조안은 결국 결혼을 선택하여 캐서린을 실망시키는데 '당신이 믿는 삶을 나까지 원해야 한다고 하지 말아요'라며 자기가 진정 원하는 것이 바로 현모양처이고 당신이야말로 편견에 갇혀 있는 것이라고 일침한다.

좋은 가문과 막강한 부로 교수들의 재임용을 좌지우지할 정도였던 베티는 원하던 대로 이상적인 파트너와 재학 중 결혼을 하고 자유분방한 학우, 미소가 떨어지는 학우들에게 상처를 주고 결혼하지 않는 캐서린이 못마땅해 사사건건 부딪히며 거침없는데……[49]

49) 어느 관람자의 수기 중에서 인용

영화 '에반 올마이티' 중 모건 프리먼의 질문

영화 '에반 올마이티(Evan Almighty)'의 줄거리는 새 집, 새 자동차, 하원의원 선거 당선까지, 막힘없이 일이 술술 풀리던 에반(스티브 카렐, Steven Carell) 앞에 갑자기 신(모건 프리먼, Morgan Freeman))이 나타나 워싱턴 한가운데 거대한 방주를 지으라는 미션을 내린다. 망치질 한번 해본 적 없던 에반은 코웃음을 치며 이를 무시하지만 방주를 만들 재료가 속속 배달되어 오고, 수백 마리의 동물들의 쌍쌍이 그를 따라 다니기까지 한다. 그의 평화로웠던 삶이 방해 받기 시작하며 일도 가족도 그의 생활이 모두 엉망이 된다. 과연 에반은 신의 내린 이 시련을 어떻게 해결할 수 있을 것인가?

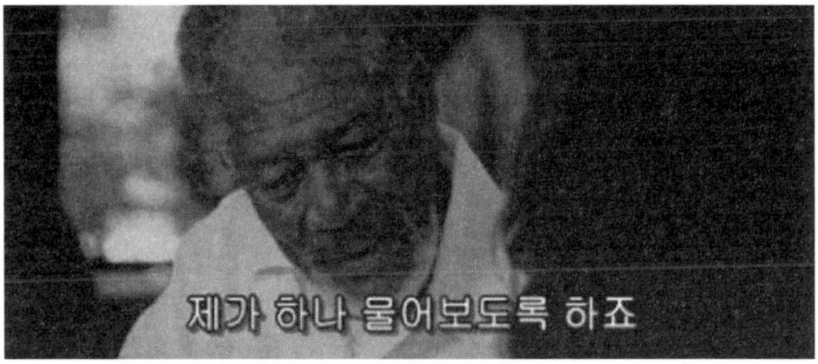

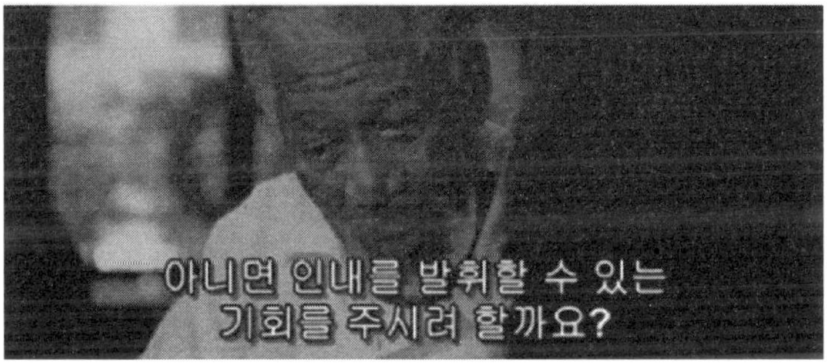

'하나님에게 인내를 달라고 하면 인내를 주실까요?
아니면 인내를 발휘할 기회를 주실까요?'

'용기를 달라고 한다면 용기를 주실까요?
아니면 용기를 낼 기회를 주실까요?'

'만일 누군가 연인이 좀 더 가까워지게 해달라고 기도하면,
하나님이 뿅하고 묘한 감정이 느껴지도록 할까요,
아니면 서로 사랑할 수 있는 기회를 마련해 주실까요?'

신화의 창조, 마사 그레이엄

마사 그레이엄(Martha Graham)은 1894년 출생해서 1991년 사망한 미국의 현대무용가로 데니숀무용단 등에서 50년 넘게 활동하며 170여 편의 작품을 만들었다.

그녀는 현대무용에 '수축과 이완(contraction and release)'을 중요한 원리로 도입했는데, 수축은 근육이 오그라들거나 부피가 줄어드는 것을 말하고 이완은 갇히고 잡힌 것을 풀어주거나 감정을 발산하는 것을 의미한다. 또한 무용수는 슬픔이나 기쁨 같은 감정 표현의 도구(instrument of emotion)가 아니라 '움직임의 도구(instrument of motion)'가 되어야 한다고 주장했다.

한편 마사 그레이엄의 무용을 일컬어 흔히 '신화의 창조'라고 한다. 말 그대로 신화의 재창조에서부터 애국심으로 충만한 개인의 신화 창조까지 그녀의 작품세계가 다채롭게 펼쳐지기 때문이다. 그러나 노력과 성과로 오늘날 마사 그레이엄은 마리 비그만(Mary Wigman) 등과 더불어 현대무용의 실절적인 창시자로 꼽히며 20세기 최고의 독창적인 무용가 중 한 사람으로 인정받는다.[50] 그 결과 타임지가 20세기에 가장 영향력 있는 인물로 아인슈타인(Albert Einstein)이라든지 마하트마 간디(Mahatma Gandhi), 교황 바오로 2세(Papa Palo Ⅱ), 레닌(Lenin), 테레사 수녀(Teresa nun)와 함

50) http://terms.naver.com/entry.nhn?docId=812101&cid=42687&categoryId=42687

께 뽑았던 사람이다.

그녀가 이처럼 전설적인 인물로 평가받는 이유는 1991년 97세의 나이로 죽을 때까지 자신이 직접 작품을 구상하고 가르치고 무대 위에서 공연을 했던 것보다는 350년 동안 지속되어 왔던 고전 발레의 틀을 완전히 깨버렸기 때문이다.

그녀는 1894년 미국 펜실베니아에서 의사의 딸로 태어났다. 어느 날 아버지가 어린 그레이엄을 불러놓고 컵 속에 들어 있는 물을 보게 했다. 그 물은 수정처럼 맑고 고운 물이었다. 곧 이어 아버지는 물 한 방울을 현미경 위에 떨어뜨리고 그 속을 들여다보라고 했다. 그런데 놀랍게도 육안으로 볼 때는 그렇게 깨끗하고 맑았던 물이 현미경으로 보니까 수많은 세균들로 가득 차 있었다. 깜짝 놀란 그레이엄에게 아버지는 일생에 잊어버릴 수 없는 중요한 말을 했다.

'그레이엄, 너는 인생을 살아가면서 표면에 드러난 것만 보는 사람이 되어서는 안 된다. 언제나 표면 아래에 보이지 않는 진실을 볼 수 있는 사람이 되거라.'

이때 어린 그레이엄은 아버지의 말을 가슴 속에 깊이 새겼다. 그러자 그레이엄 눈에 인간들이 가지고 있는 내면의 세계가 보이기 시작했다. 인간의 웃는 얼굴 뒤에 감추어진 슬픔이 보이기 시작했고, 품위 속에 가려진 위선이 보였고, 친절 속에 증오가, 무지 속에 순박함이 보였다. 그녀는 다른 사람들에게는 보이지 않지만 자신은 뚜렷이 볼 수 있는 진실을 말로 표현할 수가 없어서 무용을 선택했다. 그녀에게 무용은 말보다 더 편안 자기표현의 도구였기 때문이다. 그러나 자신이 본 진실을 담아내기에는 고전 발레의 틀이 너무나도 좁고 제한적이었다. 그래서 그녀는 과감하게 고전 발레의 틀을 깨고 현대무용을 만들어내는 전설적인 인물이 되었다.

변화의 시작은 그레이엄과 같이 남들이 보지 못하는 것을 보는 것으로부터 시작된다. 그것을 가지고 어떻게 표현해 낼 수 있을까 고민할 때 드디어 새로운 창조가 일어나게 되고 개혁이 일어나게 되는 것이다. 남들이 보지 못하는 것을 보는 눈을 갖자. 그리고 그것을 나만의 방식으로 표현하는 능력을 기르자.[51)]

51) http://cafe.naver.com/sohyangch/720

제11장 발상법Ⅳ : 동기적 발상법

1. 지난 시간 내용 점검

– 지난 시간의 표적집단면접법에 대한 회상하기

2. 동기적 발상에 따른 창의력에 대하여

3. 동기적 발상에 따른 창의력에 대한 실습

– 주제 : 세종실록 1422년 기록에 따르면,

'세종은 형편이 어려운 환자들을 돕기 위해 국비로 한증막을 짓고 한증치료를 받기 위해 한증소(汗蒸所)를 설치하였다.'

– 이야기 만들기

한증막의 유래, 한증소

언제부터였을까? 찜질—참 궁금했는데, 생각보다 그 역사가 깊다.
예부터 몸을 깨끗이 하여 마음을 가다듬는다는
목욕재계를 실천하고 즐겨 온 우리민족
한증의 역사는 통일신라까지 거슬러 올라간다고 한다.
통일신라 때부터 즐겨온 이 한증이 일본에까지 전수되기도 했었다고 한다.

조선시대에 이르러는 한증을 이용한 치료소인 한증소가 세워지게 되는데,
땀을 내어 안 좋은 병 기운을 내몰아 내는 한증법을 이용해 병을 치료한 것이다.
백성을 위한 치료법으로 한증소가 세종 때 세워지기 시작했다고 한다.

신경통과 풍증에 좋은 소나무를 때어 내부를 데우고 솔잎을 깔고 그 위에 누워
10분 내외로 한증막을 드나들며 땀을 내는 방법으로
신경통이나 오한 등의 질병을 치료했다고 한다.

진료비도 받지 않고 오로지 나라의 재상과 승려들의 보를 통해
운영되었다는 점이 진정한 애민과 위민을
느낄 수 있는 부분이라는 사실이다.[52)]

52) 한증막으로 이어진 백성의 진료소, 한증소, EBS역사채널e, 2017. 1. 1 방송 중에서 인용

동기적 발상

1. 동기적 발상법이란?

어떠한 동기가 주어지면 그 동기를 토대로 전후의 이야기를 유출하는 발상을 말한다.

2. 동기적 발상법의 활용

2000년대 이후 주로 영화의 시나리오에서 많이 등장한다.

3. 대표적인 예

1) 영화 아마데우스

아마데우스는 1823년 눈보라치는 밤, 한 노인이 자살을 시도하다 실패하여 수용소에 수감되어 찾아온 신부에게 자신의 죄를 고백한다. 그는 요제프 2세의 궁중음악장인 살리에리(Antonio Salieri)이다. 음악을 하기에는 거리가 먼 가난한 시골마을 출신이지만 아름다운 음악의 세계에 매료되어 그야말로 각고의 노력으로 교회 지휘자 자리를 거쳐 궁정악사 자리까지 올랐던 그는 우연한 기회에 모차르트(W. A. Mozart)의 공연을 보고는 그의 천재성에 감탄한다.

살리에리가 짜여진 형식을 준수하고 음악에 관한 주제도 하나님을 찬양하는 전통적인 시대의 교회중심의 대세에 따르는 음악가였다면 모차르트는 신들린 연주력과 타의 추종을 불허하는 편곡 능력 그리고 시대의 감성을 뛰어넘는 작곡 실력까지 갖춘 천재적 음악가였다. 하루하루 신에게 감사를 드리고 불굴의 의지로 자신을 채찍질하는 수도승 같은 삶을 살고 있는 살리에리에게 모차르트란 존재는 경이롭고도 부러운 존재로 다가온다.

그런데 모차르트는 음악적 천재성에도 불구하고 일상생활은 폐인에 가까울 만큼 방탕한 삶의 연속이었다. 버는 돈이 적은 편이 아니지만 버는 족족 결혼한 아내에게 선물 사주랴, 최신 유행에 맞추어 옷 사랴, 밤마다 화려한 파티를 벌이랴 모두 탕진해 버렸다. 게다가 워낙 기분파라서 한번 시작한 파티는 모두에게 꼭 쏴야 직성이 풀리는 그였다. 그렇게 방탕한 생활을 함에도 불구하고 모차르트가 만들어내는 작품들은 세간의 관심을 끌고, 모차르트는 유명 오페라 배우들의 개인교사 및 음악계의 유명인사로 승승장구하며 결국엔 살리에리가 궁정음악가로 있는 오스트리아 황제에게까지 소문이 들어간다.

처음에는 인정받는다 싶더니 유명 오페라 '후궁으로부터의 도피'의 작곡을 맡으면서 오페라를 이태리어로 공연하는 오스트리아에서 독일어 오페라를 선보이는가 하면, 오페라를 늘어지게 한다는 이유로 황제가 금지한 발레를 오페라 '피가로 결혼'에 삽입하는 등, 황제의 미움을 살 짓만 골라서 한다. 음악을 너무도 사랑하지만 재능에 한계를 느낀 살리에리는 그러한 모차르트를 가까이 혹은 멀리서 지켜보며 하나하나 작품이 나올 때마다 그의 작품에 대하여 경배를 하면서도 그러한 위대한 작품들이 모차르트란 인간에게서 나온 것을 저주한다.

평소 살리에리가 사모하던 오페라 배우가 모차르트에게 몸과 마음을 비치기까지 하자 살리에리는 이제 모차르트에게 재능을 부여한 신까지 저주하기에 이른다. 마침 모차르트는 갑작스러운 아버지의 사망 소식에 생기를 잃고 거기에 폐렴과 각종 합병증으로 병자의 신세가 된다. 그럼에도 불구하고 약을 살 돈이 없이 전전긍긍하고 있을 즈음 살리에리는 검은 천으로 온몸을 가린 모습으로 모차르트에게 가서 장례식에

쓰일 곡을 하나 지어달라고 의뢰한다.

모차르트는 마치 서커스단의 동물처럼 조련하고 학대하지만 그 누구보다도 사랑했던 아버지의 망령이 병약해진 모차르트의 주변을 떠돌아다니게 하면서 모차르트를 심리적으로 압박한 것이다. 결국 모차르트는 그로 인해 죽게 되고, 살리에리 역시 모차르트를 죽음으로 이끈 죄악감에 대한 후회와 반성으로 여생을 보내며 모차르트를 회상한다.[53)]

2) 왕의 남자

조선시대 연산군 시절, 남사당패의 광대 장생(감우성 분)은 힘 있는 양반들에게 농락당하던 생활을 거부하고 자신의 하나뿐인 친구이자 최고의 동료인 공길(이준기 분)과 보다 큰 놀이판을 찾아 한양으로 올라온다. 타고난 재주와 카리스마로 놀리패 무리를 이끌게 된 장생은 공길과 함께 연산(정진영 분)과 그의 애첩인 녹수(강성연 분)를 풍자하는 놀이판을 벌여 한양의 명물이 된다. 공연은 대성공을 이루지만 그들은 왕을 희롱한 죄로 의금부로 끌려간다.

53) (박정기의 공연산책) 연극성, 음악성, 대중성 고루 갖춘 연극 아마데우스, 문화뉴스 2017. 3. 17일자 보도내용

의금부에서 문초에 시달리던 장생은 특유의 당당함을 발휘해 왕을 웃겨 보이겠다고 호언장담하지만 막상 왕 앞에서 공연은 시작하자 모든 광대들이 얼어붙는다. 장생 역시 극도의 긴장감 속에서 왕을 웃기기 위해 갖은 노력을 하지만 왕은 꿈쩍도 하지 않고…… 바로 그 때 얌전하기만 한 공길이 기지를 발휘해 특유의 앙칼진 연기를 선보이자 왕은 뭇 참겠다는 듯이 크게 웃어버린다. 이들의 공연에 흡족한 왕은 궁내에 광대들이 거처 희락원(喜樂園)을 마련해 준다.

궁에 들어온 광대들은 신바람이 나서 탐관오리의 비리를 풍자하는 공연을 선보이고 왕은 즐거워한다. 하지만 중신들의 분위기가 싸늘함을 감지한 왕이 중신 중 한명이 웃지 않자 탐관오리라는 명목으로 형벌을 내리고 연회장엔 긴장감이 감돈다.

연이은 연회에서 광대들은 여인들의 암투로 인해 왕이 후궁에게 사약을 내리는 경극을 연기하고 연산은 같은 이유로 왕에게 사약을 받았던 생모 폐비 윤씨를 상기하며 진노하여 그 자리에서 선왕의 여인들을 칼로 베어 죽게 한다. 공연을 할 때마다 궁이 피바다로 변하자 흥을 잃은 장생은 궁을 떠나겠다고 하지만 공길은 알 수 없는 이유로 남겠다고 한다. 그 사이 왕에 반발한 중신들은 광대를 쫓기 위한 음모를 꾸미고 왕의 관심을 광대에게 빼앗겼다는 질투심에 휩싸인 녹수 역시 은밀한 계략을 꾸민다.

3) 최종병기 활

50만 포로가 끌려간 병자호란, 치열했던 전쟁의 한 복판에 역사가 기록하지 못한 위대한 신궁이 있었다. 역적의 자손이자 조선 최고의 신궁 남이. 유일한 피붙이인 누이 자인의 행복만을 바라며 살아간다. 어렵사리 맞이한 자인의 혼인날, 가장 행복한 순간에 청나라 정예부대(니루)의 습격으로 자인과 신랑 서군이 포로로 잡혀가고 만다. 남이는 아버지가 남겨준 활에 의지해 청군의 심장부로 거침없이 전진한다. 귀신과도 같은 솜씨로 청나라 정예부대를 하나 둘씩 처치하는 남이. 한발 한발 청군의 본거지로 접근해 간다. 남이의 신묘한 활솜씨를 알아챈 청의 명장 쥬신타는 왕자 도르곤과 부하들을 지키기 위해 남이를 추격하기 시작한다. 날아오는 방향을 예측할 수 없는 곡사를 사용하는 남이와 무시무시한 파괴력을 가진 육량시를 사용하는 쥬신타. 가장 소중한 것을 지키기 위한 사상 최대 활의 전쟁을 시작한다.

이야기를 디자인하여 각인시키자

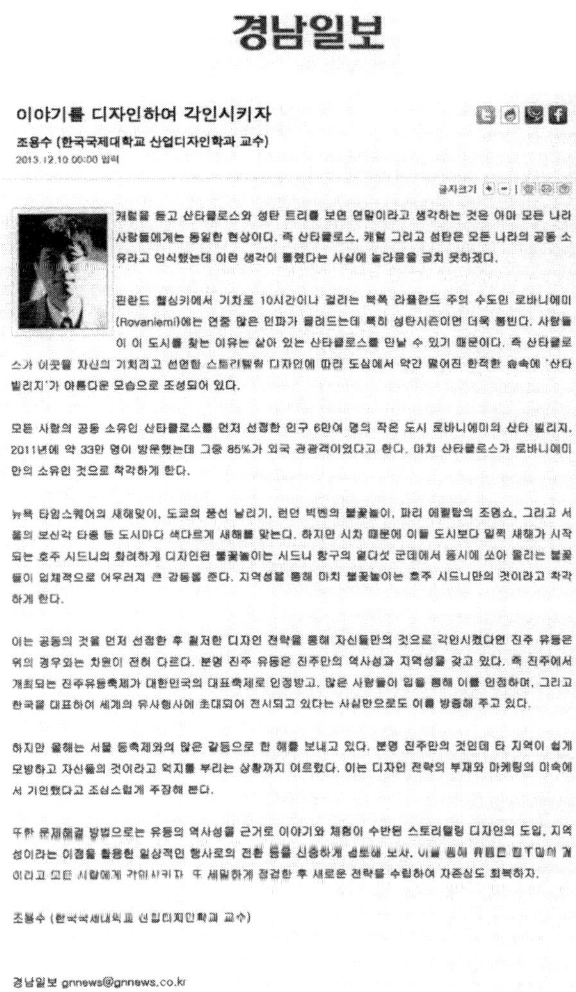

경남일보

이야기를 디자인하여 각인시키자

조용수 (한국국제대학교 산업디자인학과 교수)

2013.12.10 00:00 입력

글자크기 + - |

캐럴을 듣고 산타클로스와 성탄 트리를 보면 연말이라고 생각하는 것은 아마 모든 나라 사람들에게는 동일한 현상이다. 즉 산타클로스, 캐럴 그리고 성탄은 모든 나라의 공동 소유라고 인식했는데 이런 생각이 틀렸다는 사실에 놀라움을 금치 못하겠다.

핀란드 헬싱키에서 기차로 10시간이나 걸리는 북쪽 라플란드 주의 수도인 로바니에미(Rovaniemi)에는 연중 많은 인파가 몰려드는데 특히 성탄시즌이면 더욱 붐빈다. 사람들이 이 도시를 찾는 이유는 살아 있는 산타클로스를 만날 수 있기 때문이다. 즉 산타클로스가 이곳을 자신의 거처라고 선언한 스토리텔링 디자인에 따라 도심에서 약간 떨어진 한적한 숲속에 '산타 빌리지'가 아름다운 모습으로 조성되어 있다.

모든 사람의 공동 소유인 산타클로스를 먼저 선점한 인구 6만여 명의 작은 도시 로바니에미의 산타 빌리지. 2011년에 약 33만 명이 방문했는데 그중 85%가 외국 관광객이었다고 한다. 마치 산타클로스가 로바니에미만의 소유인 것으로 착각하게 한다.

뉴욕 타임스퀘어의 새해맞이, 도쿄의 풍선 날리기, 런던 빅벤의 불꽃놀이, 파리 에펠탑의 조명쇼, 그리고 서울의 보신각 타종 등 도시마다 색다르게 새해를 맞는다. 하지만 시차 때문에 이들 도시보다 일찍 새해가 시작되는 호주 시드니의 화려하게 디자인된 불꽃놀이는 시드니 항구의 열다섯 군데에서 동시에 쏘아 올리는 불꽃들이 입체적으로 어우러져 큰 감동을 준다. 지역성을 통해 마치 불꽃놀이는 호주 시드니만의 것이라고 착각하게 한다.

이는 공동의 것을 먼저 선점한 후 철저한 디자인 전략을 통해 자신들만의 것으로 각인시켰다면 진주 유등은 위의 경우와는 차원이 전혀 다르다. 분명 진주 유등은 진주만의 역사성과 지역성을 갖고 있다. 즉 진주에서 개최되는 진주유등축제가 대한민국의 대표축제로 인정받고, 많은 사람들이 입을 통해 이를 인정하며, 그리고 한국을 대표하여 세계의 유사행사에 초대되어 전시되고 있다는 사실만으로도 이를 방증해 주고 있다.

하지만 올해는 서울 등축제와의 많은 갈등으로 한 해를 보내고 있다. 분명 진주만의 것인데 타 지역이 쉽게 모방하고 자신들의 것이라고 억지를 부리는 상황까지 이르렀다. 이는 디자인 전략의 부재와 마케팅의 미숙에서 기인했다고 조심스럽게 주장해 본다.

또한 문제해결 방법으로는 유등의 역사성을 근거로 이야기와 체험이 수반된 스토리텔링 디자인의 도입, 지역성이라는 이점을 활용한 일상적인 행사로의 전환 등을 신중하게 검토해 보자. 이를 통해 유등은 진주만의 것이라고 모든 사람에게 각인시키자. 또 세밀하게 점검한 후 새로운 전략을 수립하여 자존심도 회복하자.

조용수 (한국국제대학교 산업디자인학과 교수)

경남일보 gnnews@gnnews.co.kr

캐럴을 듣고 산타클로스와 성탄 트리를 보면 연말이라고 생각하는 것은 아마 모든 나라 사람들에게는 동일한 현상이다. 즉 산타클로스, 캐럴 그리고 성탄은 모든 나라의 공동 소유라고 인식했는데 이런 생각이 틀렸다는 사실에 놀라움을 금치 못하겠다.

핀란드 헬싱키에서 기차로 10시간이나 걸리는 북쪽 라플란드 주의 수도인 로바니에미(Rovaniemi)에는 연중 많은 인파가 몰려드는데 특히 성탄 시즌이면 더욱 붐빈다. 사람들이 이 도시를 찾는 이유는 살아 있는 산타클로스를 만날 수 있기 때문이다. 즉 산타클로스가 이곳을 자신이 거처라고 선언한 스토리텔링 디자인에 따라 도심에서 약간 떨어진 한적한 숲속에 '산타빌리지'가 아름다운 모습으로 조성되어 있다.

모든 사람의 공동 소유인 산타클로스를 먼저 선점한 인구 6만여 명의 작은 도시 로바니에미의 산타빌리지, 2011년에 약 33만 명이 방문했는데 그중 85%가 외국 관광객이었다고 한다. 마치 산타클로스가 로바니에미만의 소유인 것으로 착각하게 한다.

뉴욕 타임스퀘어의 새해맞이, 도쿄의 풍성 날리기, 런던 빅벤의 불꽃놀이, 파리 에펠탑의 조명 쇼 그리고 서울의 보신각 타종 등 도시마다 색다르게 새해를 맞는다. 특히 시차 때문에 이들 도시보다 일찍 새해가 시작되는 호주 시드니의 화려하게 디자인된 불꽃놀이는 시드니 항구의 열다섯 군데에서 동시에 쏘아 올리는 불꽃들이 입체적으로 어우러져 큰 감동을 준다. 지역성을 통해 마치 불꽃놀이는 호주 시드니만의 것이라고 착각하게 한다.

이는 공동의 것을 먼저 선점한 후 철저한 디자인 전략을 통해 자신들만의 것으로 각인시켰다면 진주 유등은 위의 경우와는 차원이 전혀 다르다. 분명 진주 유등은 진주만의 역사성과 지역성을 갖고 있다. 즉 진주에서 개최되는 '진주유등축제'가 대한민국의 대표축제로 인정받고, 많은 사람들이 입을 통해 이를 인정하며 그리고 한국을 대표하여 세계의 유사행사에 초대되어 전시되고 있다는 사실만으로도 이를 반증해 주고 있다.

하지만 올해는 서울 등축제와의 많은 갈등으로 한 해를 보내고 있다. 분명 진주만의 것인데 타 지역이 쉽게 모방하고 자신들의 것이라고 억지를 부리는 상황까지 이르렀다. 이는 디자인 전략의 부재와 마케팅의 미숙에서 기인했다고 조심스럽게 주장해 본다.

또한 문제해결 방법으로는 유등의 역사성을 근거로 이야기와 체험이 수반된 스토리텔링 디자인의 도입, 지역성이라는 이점을 활용한 일상적인 행사로의 전환 등을 신중하게 검토해 보자. 이를 통해 유등은 진주만의 것이라고 모든 사람에게 각인시키자. 또 세밀하게 점검한 후 새로운 전략을 수립하여 자존심도 회복하자.[54)]

---

54) 조용수, 이야기를 디자인하여 각인시키자, 경남일보 2013. 12. 10일자 보도내용

생각하기 2

재미있는 숫자이야기

언제부터인가 불교의 수행법 중 하나인 절(拜)을 사찰이나 수행처가 아닌 길거리에서 종종 볼 수 있다. 그곳에서 절은 수행의 목적보다는 개인이나 단체의 목소리를 전달하는 수단으로 108배를 하기도 하고 천배를 하기도 한다. 또 어떤 목적지를 가지고 세 발짝 걷고 한 번 절하는 삼보일배를 행하기도 한다. 절이란 나를 한없이 낮추는 하심(下心)의 표현이라고 하니 볼썽 사나운 멱살잡이 보다는 백번 지혜로운 방법으로 권장할만하다.

불교에서 108배는 인간이 일으키는 번뇌가 108가지이므로 번뇌 하나에 절 한 번을 하는 것으로 그것들에게 자유로워지고자 하는 수행법 중의 하나이다. 그런데 오늘은 이런 종교적 의미를 벗어나 108이란 숫자가 일상생활에서 어떻게 쓰이고 있는지 알아보는 것으로 일탈의 재미를 느껴보고자 한다.

지구의 지름을 적도에서 측정하면 1만 2,756㎞라고 하는데 태양은 지구 지름의 108배라고 한다. 우리나라 국보 제108호는 백제 유민들의 망국의 한과 선조들의 명복을 빌기 위해 만들었다는 '계유명삼존천불비상(癸酉銘三尊千佛碑像)'으로 국립공주박물관에 소장되어 있다. 또한 보물 제108호는 고려시대에 조성된 '부여정림사지석불좌상(扶餘定林寺址石佛坐像)'이며, 사적 제108호는 문익점 선생이 장인 정천익과 처음으로 목화를 심은 산청군 단성면 '목화시배지'이다. 천연기념물 제108호는 서해바다 바람을 막기 위해 소성한 선남 함평의 느티나무·팽나무·개서어나무 숲이며, 중요무형문화재 제108호는 목조각장인 목아 박찬수 씨와 송언 전기만 씨다.

스포츠에서도 108이란 숫자를 쉽게 찾아볼 수 있다. 미국의 메이저리그에서 활동하던 박찬호 선수의 말에 의하면 야구공의 실밥 수가 108개라고 하니 재미삼아 확인해 보시길, 얼마 전 미국 내셔널리그 류현진 선수가 3차전에서 108개의 공을 던져 팀을 2연패에서 건져냈으며, 코리안리그에서 삼성의 좌완투수 장원삼이 대구성기상에서 두산과의 7차전 경기에서 108개의 공을 던져 승리투수가 되었다. 또한 맨발의 투혼으로 기억되는 박세리를 시작으로 미국 여자프로골프(LPGA) '올해의 선수상'이 확정된 박인비와 같은 골퍼들이 기를 쓰고 노려보는 골프 홀의 지름이 4.25인치로

108mm라고 한다.

'나랏말쓰미 듕귁에 달아'로 시작되는 훈민정음 서문의 글자 수가 모두 108자이며, 내장산의 단풍 중 일주문에서 내장사까지 108그루의 단풍나무가 만들어내는 터널을 최고의 백미로 꼽고 있다. 재작년 후쿠시마 원전사고에 파견된 한국의 소방구조대원은 108명이며, 지난 대선에서 박근혜 후보는 108만 표 차이로 대통령에 당선되었다. 경남도교육청 발표에 따르면, 2014년 대학수학능력시험 응시자가 3만 9,316명으로 작년보다 108명이 줄었다고 한다. 이처럼 무엇이든 관심을 가지면 보이지 않던 부분까지 볼 수 있으니 재미있지 아니한가?[55]

---

55) 강 신, 재미있는 숫자 이야기, 경남일보 2013. 12. 02일자 보도내용

탁란(deposition, 托卵)에 대하여

어미 딱새가 주변 눈치를 이리저리 살피다가 둥지로 들어간다. 딱새 부부는 벌레 등 먹이를 사냥해 새끼에게 먹이느라 쉴 틈이 없다. 강원도 횡성군 안흥면 가천리 사누스빌 마을 처마 밑, 사람이 흙으로 빚어 만든 작은 둥지에 딱새 부부가 새끼를 키우느라 매우 바쁘다.

그런데 딱새 둥지에는 정작 딱새 새끼는 없다. 거기에는 딱새 몸집의 몇 배나 되는 커다란 새끼 뻐꾸기 1마리가 둥지 전체를 차지하고 있다. 비좁아 몸이 둥지 밖으로 삐져나올 정도다. 뻐꾸기가 몰래 딱새 둥지에 알을 낳고 간 것을 모르고 딱새 부부가 부화해 자기 새끼인 줄 알고 키우고 있다. 뻐꾸기가 탁란[56]한 것이다.

두견이과의 조류인 뻐꾸기들이 많이 하는 습성인데 뻐꾸기 자신은 직접 힘든 둥지 짓기나 포란과 육추를 하지 않고, 다른 새가 지은 둥지에다가 자신의 알을 몰래 낳아서 둥지 주인 새가 자신의 알을 포란하고 키우게 한다는 것이다.

정작 딱새 부부가 낳은 4개의 알은 새 생명이 태어나기도 전에 먼저 태어난 새끼 뻐꾸기가 둥지 밖으로 밀어 내버렸다. 이런 사실을 아는지 모르는지 딱새 부부는 자신보다 큰 덩치로 엄청난 식성을 자랑하는 자식(뻐꾸기)을 위해 먹이 사냥에 쉴 틈이 없다.[57]

---

56) 새가 제 둥우리를 짓지 않고 다른 새의 둥우리에 산란, 포란 및 육추를 그 둥우리의 임자에게 위탁하는 습성. 위탁하는 새를 탁란조라고 하며 두견이과(두견이, 뻐꾸기, 벙어리뻐꾸기, 매사촌)와 오리과 등 5과의 약 80종이 있다.(과학백과사전에서 인용)

57) http://blog.daum.net/kyc8877/831

제12장 발상법Ⅴ : 논리적(수리적) 발상법 (1)

1. 지난 시간 내용 점검

– 지난 시간의 동기적 발상법에 대한 회상하기

2. 논리적(수리적) 발상법에 대하여

– 논리적(수리적) 발상법과 감성적 발상법의 차이

– 인간의 두뇌구조에 따른 차이점 발견하기

– 논리적(수리적) 발상법 이해하기

3. 논리적(수리적) 발상법에 따른 창의력 적용 및 사례

– 비행기는 어떻게 날까? (힘의 법칙)

– 우주왕복선의 착륙

논리적(수리적) 발상법

1. 논리적(수리적) 발상이란?

- 논리적이고 수리적인 사고 과정에 근거하여 해결안을 도출하는 것으로 문제에 대해 상대방과 토론하고 협력을 통해 도출한다.
- 주어진 정답의 틀을 벗어나 상상력을 발휘하여 사고의 유연성 도출과 당면한 문제에 한정되지 않고 다양한 학문의 통섭을 통해 도출한다.

2. 논리적(수리적) 발상의 방법론[58)]

생활 속에서 연습하는 글쓰기 방법을 중심으로 논리적(수리적) 발상의 방법을 서술해 보고자 한다.

'많이 읽고 쓰라'는 깊이 공감되는 말이다. 하지만 자전거 잘 타는 방법을 물었더니 '오른쪽 페달을 밟은 다음 자전거가 쓰러지기 전에 왼쪽 페달을 밟으세요'라고 답하는 느낌이다. 정작 글쓰기를 힘들어 하는 분들과 이야기 해 보면 페달을 번갈아 밟는 동안 자빠지지 않는 그 운동신경을 어려워 한다.

논리적 글쓰기에 관해 아는 것이 별로 없지만 어렸을 때 논리적으로 생각하고자 고안했다가 꽤 효과를 본 방법이 있는데 그게 운동신경을 키우는 연습이다. 대단한 것이 아니지만 일상에서 쉽게 할 수 있다.

1) 특징 3개 찾기

먼저 연습장이나 메모장을 편다. 메모 앱은 안되고 진짜 종이이여야 한다. 그 다음에 눈 앞에 보이는 어떤 사물이든 정한다. 그리고 대표적 특징 세 가지 적는다. 번호를 매기면서 세로로 적는다.

- 이러하다.
- 저러하다.
- 그러하다.

---

58) http://ppss.kr/archives/84380

부담 갖지 말고 평소에 생각 날 때마다 취미처럼 해도 좋다. 일단 습관이 되어야 한다.

2) 대상 넓히기

사물의 3개 특징 찾기가 익숙해지면 현상이나 오감 또는 감정 등으로 범위를 넓힌다. 예컨대 날씨, 사건, 냄새, 슬픈 영화를 본 느낌 같은 것들이다.

어떤 이는 비 오는 날을 '질척이는 습기'로 적겠지만 누군가는 '촉촉한 공기'로 적는다. 주관적이어도 상관없다. 생활하면서 인식하는 모든 것들로 점차 대상을 확장한다.

3) 시간단축

이제 시간을 단축시켜 보자

먼저 첫 번째 특징을 적으면서 두 번째 포착하고 두 번째를 적으면서 세 번째를 포착하는 연습을 한다. 그리고 더 나아가 첫 번째를 적으면서 두 번째와 세 번째를 포착하도록 연습한다.

단축시킬 마음만 먹어도 속도는 어느 정도 빨라진다. 시간이 단축되면 그 다음 과정에서 여유를 가질 수 있으니 속도 올리기에 집중한다.

4) 분석하기

속도가 좀 붙으면 이제 순서를 정한다. 여기서 중요한 특징이 앞이나 뒤에 올 수 있다.

- 첫째, 가장 특징은 이것이다.
- 두 번째로 이러한 특징이 있다.
- 그밖에 세 번째 특징은 이것이다.

또는

- 첫 번째 특징은 이것이다.
- 또한 두 번째 특징은 이러하다.
- 가장 중요한 세 번째 특징은 바로 이것이다.

눈치 챘겠지만 점강법과 점층법이다. 적고 여러 번 소리 내 읽어본다. 강조하는 강약과 높낮이 그리고 박자가 생긴다. 사람마다 이 리듬이 다 다르다. 글쓰기는 악상을 기보하듯 말의 리듬을 드러내는 행위이다. 자신만의 리듬대로 옮기면 글쓰기가 한결 편하다.

5) 강조하기

처음에 세로로 쓰라는 이유가 있다. 각 특징들의 인과관계를 엮어서 매듭을 지을 것이다. 어릴 때 하던 이름 궁합과 같은 방법이다.
가령 축구공에 대해서 적어보자.

각자 찾은 특징이 다를 것이다. ⓐ와 ⓒ의 매듭이 없어 아쉽지만 우선은 이정도 기본 매듭에 익숙해지자.

6) '따라서'와 '그러므로'

이제 '따라서 매듭'과 '그러므로 결론'을 붙인다. 위의 축구공 예시에서 이어가 보자.

축구공의 특징은
　첫째 탄성이 있고
　둘째 공기로 채워져 있으며
　셋째 가장 큰 특징은 둥글다는 것이다.
= 따라서 잘 튀고 잘 구른다.
= 그러므로 축구공은 움직임의 폭이 커서 넓은 축구장에 알맞다.

항상 여기까지 적도록 한다.

7) 적지 않기

이제부터는 적지 않는다. 머리 속으로 '그러므로 결론'까지 진행한다. 평소 생활하면서 주변의 사물이나 현상, 감정, 오감 등을 상대로 앞의 과정을 반복한다. 사람은 생각할 때 자신의 속한 사회의 언어를 사용하기 때문에 속으로 말하는 상태가 된다. 어쩌면 이미 자신도 모르게 하고 있는 상태일 것이다. 계속 습관처럼 하도록 한다.

8) 말하기

대화 중에 대상, 소재, 주제 무엇이든 세 가지 특징을 말하며 입을 뗀다.
일단 '첫째는'이라며 물꼬를 트고 반드시 마무리를 짓도록 자신을 던지는 것이다.
그러면 이렇게 된다.

축구공은,
　첫째 탄성이 있고
　둘째 공기로 채워져 있어
　그리고 셋째 가장 큰 특징은 둥글다는 거지
따라서 가볍고 잘 튀는데다 구체라서 멀리까지 굴러갈 수 있어
그러므로 축구공은 움직임의 폭이 커서 넓은 축구장을 쓰는 축구경기에 알맞아,
일상적인 대화에서 자주 사용한다. 습관이 되면 자신의 요구나 주장도 이런 세 가지의 전개로 해나갈 수 있다.

9) 말하는 대로 쓰기

이제 생각을 말로 하는 대신 글자로 옮기면 글이 된다. 간단하나마 나름대로 논리적 구성을 갖춘 글이 나올 수 있다. 앞서 시간단축 연습부터 잘 됐다면 보는 순간 생각하며 동시에 그대로 적어나갈 수 있을 것이다.
여기서부터 각자 자기 입맛대로 심화시킬 수 있다. 특징을 늘려나가고 매듭들을 복잡하게 엮을수록 내용이 알차게 된다. 내 생각엔 많이 읽고 쓰라는 말이 실제로 도움이 되는 것은 여기부터다.

미국과 소련의 자존심 싸움

1. 미국의 자존심 '우주왕복선'

'우리는 할 수 있을까?(Can we do this?)' 미국 HBO에서 1998년 제작한 드라마 「지구에서 달까지」 1화의 제목이자 극중 대사다. 1961년 미국항공우주국(NASA)의 제임스 웹(James Webb) 국장이 유인 우주계획의 책임자였던 로버트 길루스(Robert Gilrut)에게 한 말이다. 1960년대가 끝나지 전에 달에 사람을 보내겠다는 케네디 대통령(John F. Kennedy)의 연설에 대한 반응이었다. NASA의 국장조차 과연 성공할 수 있을지 걱정스러웠던 것이다.

이후 8년 동안 달 착륙이라는 목표는 미국의 최우선 과제가 됐다. NASA는 정부의 전폭적인 지원, 사실상 백지수표를 받아들고 목표를 향해 달려갔다. 케네디 대통령은 1963년 암살로 세상을 떴지만 목표는 불변, 결국 1969년 아폴로 11호가 닐 암스트롱(Neil Armstrong)과 버즈 올드린(Buzz Aldrin)을 달 표면에 내려놓았다. NASA 역사상 가장 영광스러운 시기였다.

그러나 아폴로 프로그램이 끝난 뒤 상황은 달라졌다. 소련에 앞서 달에 우주인을 보내야 한다는 확고한 목표가 사라진데다가 베트남 전쟁에 계속 돈이 들어가자 미국

정부는 백지수표를 다시 빼앗았다. 이런 상황에서 NASA의 차세대 유인 우주비행계획이 태어났으니 바로 우주왕복선 프로그램이다.

당초 NASA는 1960년에 이미 아폴로 이후의 새로운 목표를 내놓았다. 유인 화성 탐사와 우주정거장 그리고 우주정거장에 사람과 물자를 실어 나를 수 있는 저렴한 우주 수송시스템이있다. 문제는 예산이었다. 1969년 닉슨 대통령(Richard Nixon)은 NASA의 예산을 줄였고, 화성을 탐사하겠다는 계획도 취소했다. 이때의 NASA가 Can we do this?라고 물었다면 '그건 우리가 할 수 있을까?'가 아니라 '저희 이거 해도 될까요?'라는 뜻이었을 것이다. 장대한 계획에 비해 허락받은 예산은 적었다. 1972년 닉슨 대통령은 NASA의 새로운 목표 중에서 우주 수송시스템 즉 우주왕복선 프로그램만을 승인했다.

우주왕복선 최종 설계를 확정하는 일도 쉽지는 않았다. NASA는 초기에 완전히 재사용할 수 있는 안을 내놓았다. 우주왕복선은 날개와 조종석이 달린 연료탱크와 궤도선으로 이뤄져 있었다. 먼저 연료탱크를 점화시켜 우주로 나간다. 그 다음 둘이 분리되고 연료탱크는 조종사가 지상에 착륙시키고 궤도선은 목적지로 가는 방식이었다. 완전히 재사용할 수 있으니 운영비용을 줄일 수 있다고 생각했지만 기체가 무거워져 제작비가 너무 많이 들었다.

대안으로 우주왕복선을 작게 만드는 방법도 있었다. 60년대에 실험했던 날개 없는 시험비행체가 한 예다. 이 기체는 수평날개 없이도 수평으로 날아 착륙할 수 있는지 알아보기 위한 시험용이었다. 수평날개가 없으면 대기권 재진입 시 공기저항이 작아 마찰열이 적었다.

하지만 우주왕복선이 작으면 고객을 만족시킬 수 없었다. 고객이란 미국 공군이었다. NASA는 우주정거장 계획이 표류하자 의회를 설득하려고 고객을 찾아냈던 것이다. NASA는 저렴하고 안정적으로 스파이 위성을 올릴 수 있다고 공군을 설득했다. 따라서 공군의 의견을 반영할 수밖에 없었다. 커다란 위성을 실을 수 있도록 우주왕복선의 화물칸은 커졌다. 공군은 또 우주왕복선이 적국의 하늘 위에 오래 머무르지 않도록 세로 방향으로 공전하다가 캘리포니아의 공군기지에 착륙하도록 요구했다. 그러려면 바다에 빠지지 않도록 궤도에서 벗어나 오래 활강할 수 있어야 했다. 이를 해결하기 위해 면적이 넓은 삼각형 날개를 달았다.

결국 우주왕복선은 넓은 화물칸과 삼각형 날개를 지닌 궤도선, 재사용 가능한 고체연료 부서터 2개, 궤도선의 메인 엔진에 액체연료를 공급하는 1회용 연료탱크 1개로 정해졌다. 애초 계획처럼 완전한 재사용은 아니었지만 이상과 비용, 고객의 요구 사이에서 타협한 결과였다. 그리고 마침내 1977년 최초의 우주왕복선 엔터프라이즈가 시험비행을 시작했다.[59]

2. 소련의 자존심 유리 가가린

59) http://navercast.naver.com/contents.nhn?rid=116&contents_id=6948

1950년대 미국과 소련은 모든 일에서 경쟁을 벌였다. 우주 개척도 예외가 아니었다. 두 나라는 상대방보다 먼저 우주로 나가려고 피나는 노력을 펼쳤다. 결국 인류 역사상 처음으로 우주에 발을 내딛은 나라는 소련이었다.

1957년 10월 4일 소련은 세계를 깜짝 놀라게 하는 발표를 했다. 인공위성 스푸트니크 1호(Sputnik Ⅰ)를 우주로 쏘아 보내 지구 궤도에 올려놓았다. 경쟁사인 미국은 큰 충격을 받았다. 하지만 마음을 가라앉힐 틈도 없이 같은 해 11월 3일에 스푸트니크 2호가 발사되었는데 더 놀라운 건 그 안에 라이카(개 한 마리)가 타고 있었다는 사실이었다. 소련이 최초로 우주에 생명체를 내보낸 것이며 우주개발에서 앞서 있다고 자신하던 미국은 무척 당황하게 만들었다.

4년이 흐른 1961년 소련은 또 한 차례 놀라운 소식을 전 세계에 알렸다. 4월 12일에 인류 역사상 처음으로 사람을 태운 우주선 보스토크 1호(Vostok Ⅰ)를 발사했다는 사실이다. 최초의 우주비행사는 유리 가가린(Yurii Gagarin)이었다. 그는 항공학교를 졸업하고 공군사관학교에서 조종사의 꿈을 키웠다. 그리고 보통 하늘이 아닌 우주를 나는 조종사가 돼 꿈을 이루었다.

이제 우주여행은 더 이상 공상과학 소설에서만 나오는 얘기가 아니었다. 가가린이 우주비행을 성공한 이상 실현 가능한 현실이 된 것이다. 인류 최초의 우주비행사 가가린은 세계적으로 유명해졌고 소련에서 영웅 대접을 받았다. 그 후 가가린은 우주로 나가는 대신 우주비행사들을 훈련시키는 일을 맡았다. 하지만 안타깝게도 그는 1968년 훈련을 하다가 비행기 추락으로 사망했다.

한편 미국도 가만히 있지만은 않았다. 가가린이 우주에 갔다 온 지 한 달쯤 지난 1961년 5월 미국의 프리덤 7호(Freedom Ⅶ)가 사람을 태우고 우주비행에 성공한 것이다. 이듬해 2월에는 프렌드십 7호(Friendship Ⅶ)가 우주로 나갔다. 그 안에 타고 있던 존 글렌(John Glenn) 중령은 5시간동안 지구를 세 바퀴나 돌고 돌아왔다. 움츠렸던 미국의 어깨가 조금 펴지는 순간이었다. 우주개발의 경쟁자를 따라잡았다는 미국의 기쁨은 그리 오래가지 못했다. 소련이 1962년 8월에 보스토크 3호와 4호를 하루걸러 쏜 뒤 우주에서 나란히 비행시키는데 성공했기 때문이다.

이듬해 6월 16일 소련은 보스토크 6호를 쏘아 올려 또 하나의 기록을 세웠는데 세계 최초로 여성 우주비행사를 우주로 보낸 것이다. 발렌티나 테레시코바(Valentina Tereshkova)[60]는 보스토크 6호를 타고 지구를 마흔여덟 바퀴나 돌고 돌아와서 미국의 코를 납작하게 만들었다.

우주 진출 경쟁은 그것으로 끝나지 않았다. 가가린이 막을 연 우주비행의 역사는 이제 시작됐다. 그 뒤 미국과 소련은 서로 먼저 달에 사람을 보내려고 또 경쟁을 벌였다.[61)]

우주개발은 군사력 대결이기도 했고 자존심 싸움이기도 했다. 미국을 앞지르던 소련은 가가린의 비행으로 쐐기를 박았다. 높은 양반들은 가가린을 냉전의 무기로 삼고 싶었다. 하지만 가가린은 그 이상이었다. 영국 방문의 일화로 유명한데, 비가 쏟아져 누가 우산을 씌워주자 이렇게 말했다.

'내 모습을 가리지 마세요.
나를 보러 오신 분들이 비를 맞는데 나도 비를 맞아야죠.'

웃는 모습이 아름다워 '냉전의 어둠을 밝히는 미소'라는 말도 들었다. 동서진영을 두루 돌며 인류 평화의 상징이 되었다. 1968년에 직접 몰던 비행기가 추락해 이른 죽음을 맞았다. 암살당한 것이 아니냐는 음모론이 최근까지 돌았을 정도로 그는 사람들의 사랑을 받았다.[62)]

---

60) 세계에서 10번째로 우주인이자 최초의 여성 우주인인 발렌티나 테레시코바는 성공적으로 우주에 진입한 우주선에서 지구로 첫 송신된 말은 '야! 차이카'였는데 나는 갈매기라는 뜻이다. 그녀의 성공적인 비행은 전세계에 '여성은 약하지 않다'를 전파했고 '야 차이카'는 자유로운 여성을 뜻하는 말로 유행했다.(최초의 여성 우주인, 발렌티나 테레시코바의 첫 마디 '야! 차이카', 국제신문 2016. 12. 04일자 보도내용을 재편집)

61) http://terms.naver.com/entry.nhn?docId=2843685&cid=47317&categoryId=47317

62) (나는 역사다) 인류 최초 우주로 가다, 한겨레신문, 2017년 4월 11일자 보도내용

참고하기

지력혁명

– 책소개

나는 내가 가진 능력을 제대로 발휘하고 있을까?

'지력혁명'은 인간이라면 누구나 갖고 있는 언어 · 논리수학 · 음악 · 공간 · 신체운동 · 인간친화 · 자기성찰 · 자연친화 여덟 가지 기능을 어떻게 개발하고 활용할 것인지를 집중 조명한다. 이 책은 새롭게 밝혀진 연구 성과와 함께 이건희, 신경숙, 김연아, 김수환 추기경 등 실제 사례를 풍부하게 담고 있다.

전 교육부장관인 서울대 문용린 교수는 아이에서 어른까지 개인의 적성과 강점 기능을 고려한 교육을 통해 사회가 안고 있는 많은 문제를 해결할 수 있다고 역설해 왔다. 이런 교육관이 그대로 투영된 이 책은 다중지능이론을 바탕으로 그동안 환경과 교육, 삶의 역정 등에 의해 가려졌던 자신의 강점을 찾아내 적재적소에서 열심히 일하고 행복하게 살아갈 수 있다고 이야기한다.

이 책에는 자신의 지능 프로필을 직접 작성해 볼 수 있는 검사지가 부록으로 들어 있다. 자신의 숨겨진 재능이 궁금한 독자들은 다중지능검사를 통해 자신의 강점지능과 약점기능을 파악할 수 있다. 자신의 지능을 분석하는 것은 앞으로서의 진로 선택과 직업 결정, 자신의 지능을 더 발전시킬 수 있는 방법을 찾는 데 많은 도움이 된다.[63)]

– 다중지능이론이란?

하버드대학의 하워드 가드너(Howard Gardner) 교수가 주창해 전 세계 교육계에 획기적인 바람을 불러일으킨 다중지능이론은 기존의 IQ 이론과 EQ 이론을 모두 아우르는 새로운 개념으로 인간은 언어 · 논리수학 · 음악 · 공간 · 신체운동 · 인간친화 · 자기성찰 · 자연친화까지 여덟 가지 지능을 타고난다는 것을 핵심 내용으로 한다. 즉 노래를 잘 부르는 것도, 운동을 잘하는 것도, 사람을 잘 사귀고 자기 자신을 차분하게 반성할 줄 아는 것도 개인의 독특한 지능이라는 것이다.

– 적용

문용린 교수의 다중지능이론이 한국교육에 시사하는 가장 중요한 교육적 메시지를 '집어넣기 교육'과 '끄집어내기 교육'이라는 개념으로 요약한다. 암기식으로 외우는 교육이 집어넣기 교육이다. 교과목의 지식을 가장 경제적으로 가르치는 방법이 외우고 이해하게 한 후 평가하는 것이다. 그러나 그것으로 그쳐서는 곤란하다. 배운 것을 활용해서 다양한 활동을 해야 하는데 계속 집어넣고만 있으니까 창의력이나 문제 해결력을 기르는 교육과는 자꾸 멀어진다. 자유롭게 표현하고 참여하고 자기가 선택하는 수업 활동이 끄집어내기인데 이 부분이 커지도록 패러다임을 근본적으로 바꿔야 한다.[64)]

---

63) http://book.naver.com/bookdb/book_detail.nhn?bid=6077513

64) 문용린, (한겨레 인터부) 박지성, 신체지능만 높다면 성공 못했죠, 한겨레신문, 2012. 12. 12.

제13장 발상법Ⅴ : 논리적(수리적) 발상법 (2)

1. 지난 시간 내용 점검

– 지난 시간의 논리적(수리적) 발상법의 사례에 대한 회상하기

2. 논리적(수리적) 발상법에 따른 창의력 적용 및 사례

– 전기가 보이는 전선

– 유리가 만들어 가는 세상

– 미래형 굴착기와 지게차

3. 생각해 보기

– 내가 논리적(수리적) 발상법을 적용할 수 있는 영역 및 사례

대기전력 Zero

해마다 7월 하순에서 8월까지는 실시간으로 발표되는 전력수급 경보로 날마다 국가비상사태를 방불케 한다. 블랙아웃 상황이 언제 발생할지 안심할 수 없기 때문이다. 정부가 발표한 정전사태 발생 시 피해액은 무려 11조 6천억 원, 간접피해액까지 더하면 천문학적인 손실이 예상된다. 이는 소방방재청이 밝힌 우리나라 평균 자연재해 피해액 1조 9천억 원을 훨씬 상회하는 수준이다. 도시기능이 마비되고, 생산시설이 멈추며, 의료서비스가 중단되는 대재앙이다.

호모 일렉트로니쿠스, 전기를 소비하지 않고는 하루도 지탱하기 어려운 오늘날의 인간을 빗댄 신조어다. 아이러니컬하게도 인류의 위기는 늘 문명의 이기에서 비롯된다. 에너지 절감은 지구 온난화 현상에 맞서 전 세계 모든 국가가 고민하는 시대의 화두다. 화석 에너지에 의존하는 지금의 에너지 소비구조가 지속된다면 종국에는 지구온도의 상승, 지구 생물환경의 총체적 붕괴로 치닫게 될 것이다. 인류는 에너지 소비에 관한 국제협약을 체결하고 거시적 차원에서 에너지를 절감할 수 있는 신기술 개발을 서두르고 있다. 그러나 에너지 절감이라는 절박한 의제는 늘 미시적인 부분에서 그리고 개인의 습관으로부터 출발해야 한다는 것이 결론이다. 대기전력을 줄이거나 없애는 것은 에너지 소비구조를 바꾸는 거대한 지구적 과제의 첫 단추다. 그것은 사람이 할 일과 건축, 설비, 제품이 할 일로 대별된다.

전기전자제품의 전원이 꺼져 있더라도 플러그를 콘센트에 꽂아놓고 있으면 전기에너지가 공급된다. 전기전자제품의 작동에 소요되는 전력이 아니라 그 기능을 사용하기 위한 준비상태를 유지하는 데 쓰이는 것인데 이를 대기전력이라고 한다. 리모컨이나 센서에 반응하는 스마트기기들은 모두 대기전력을 흘려보내며 즉시 가동을 기다리고 있다. 에너지관리공단에 따르면 지금 이 순간에도 우리나라에는 3억 대의 전자기기가 쉬지 않고 평균 3.66W의 대기전력을 소비하고 있고 국가 전체로는 1,500만 가구에서 연간 5천억 원에 육박하는 전력이 낭비되고 있다. 우리 국민 1인당 전력사용량은 OECD 평균의 1.7배로 세계 최고 수준이다. 그러나 정작 사용되고 있는 전력의 11%는 그냥 새어나가는 대기전력이라니, 가히 전기 흡혈귀라 할 만하다.[65)]

1. 스웨덴 스태틱(Static)사의 전기가 보이는 전선

- 2010년 타임즈가 그린에너지 발명품으로 선정
- 전선이 에너지 사용량에 따라 밝기가 변하도록 디자인되어 있어 에너지 소비량을 시각적으로 보고 느낄 수 있다.

2. 무선제어기반 대기전력 차단장치

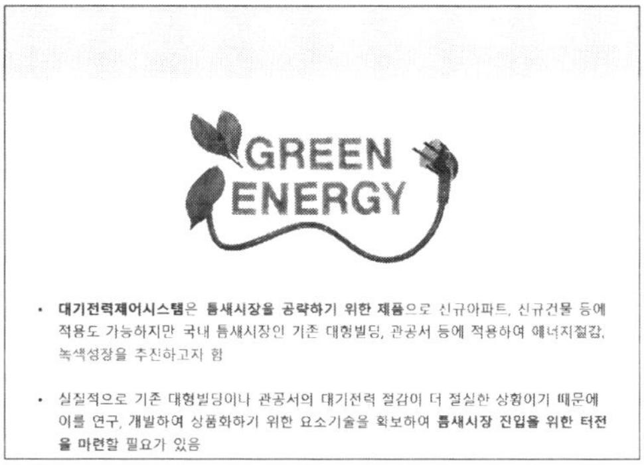

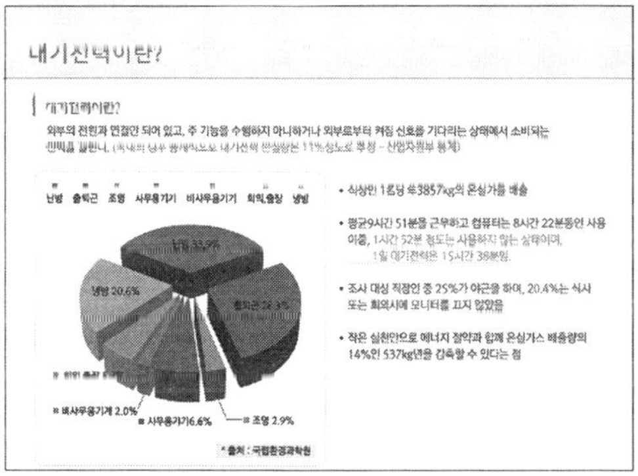

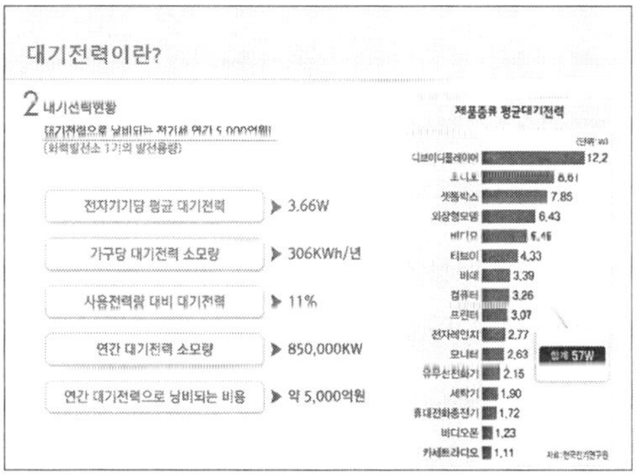

65) 권영걸, 나의 국가디자인전략, 김영사, 2013, p.415-8.

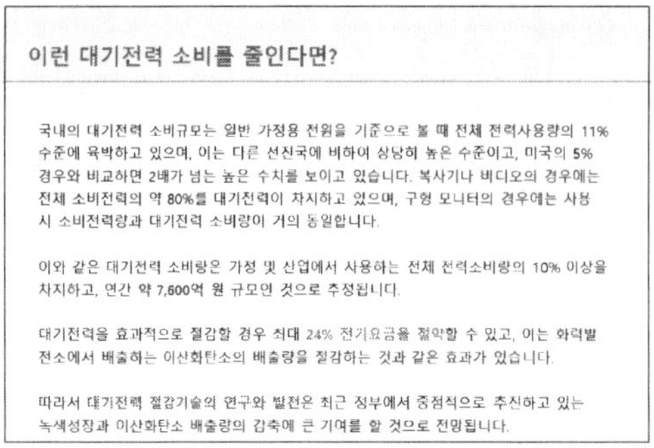

이런 대기전력 소비를 줄인다면?
국내의 대기전력 소비규모는 일반 가정용 전원을 기준으로 볼 때 전체 전력사용량의 11% 수준에 육박하고 있으며, 이는 다른 선진국에 비하여 상당히 높은 수준이고, 미국의 5% 경우와 비교하면 2배가 넘는 높은 수치를 보이고 있습니다. 복사기나 비디오의 경우에는 전체 소비전력의 약 80%를 대기전력이 차지하고 있으며, 구형 모니터의 경우에는 사용 시 소비전력량과 대기전력 소비량이 거의 동일합니다.
이와 같은 대기전력 소비량은 가정 및 산업에서 사용하는 전체 전력소비량의 10% 이상을 차지하고, 연간 약 7,600억 원 규모인 것으로 추정됩니다.
대기전력을 효과적으로 절감할 경우 최대 24% 전기요금을 절약할 수 있고, 이는 화력발전소에서 배출하는 이산화탄소의 배출량을 절감하는 것과 같은 효과가 있습니다.
따라서 대기전력 절감기술의 연구와 발전은 최근 정부에서 중점적으로 추진하고 있는 녹색성장과 이산화탄소 배출량의 감축에 큰 기여를 할 것으로 전망됩니다.

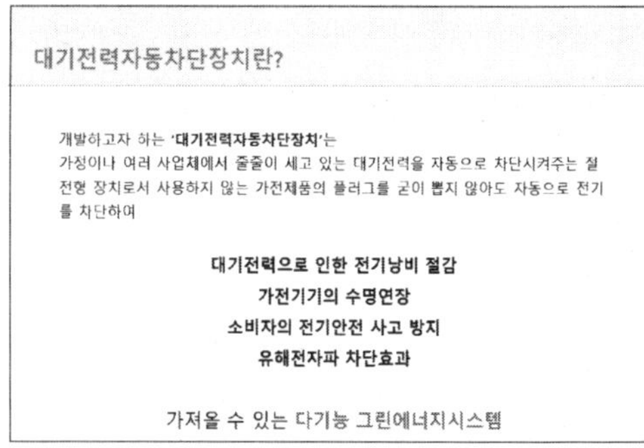

대기전력자동차단장치란?
개발하고자 하는 '대기전력자동차단장치'는
가정이나 여러 사업체에서 줄줄이 세고 있는 대기전력을 자동으로 차단시켜주는 절전형 장치로서 사용하지 않는 가전제품의 플러그를 굳이 뽑지 않아도 자동으로 전기를 차단하여
대기전력으로 인한 전기낭비 절감
가전기기의 수명연장
소비자의 전기안전 사고 방지
유해전자파 차단효과
가져올 수 있는 다기능 그린에너지시스템

㈜싸이토피아는 경상대학교와의 산학협력을 통해
대기전력차단시스템에 관한 기술개발
성공적으로 완료한 상태
마스터장치 (2단 구조)
상단
하단
아이폰5
슬레이브장치
아이폰5

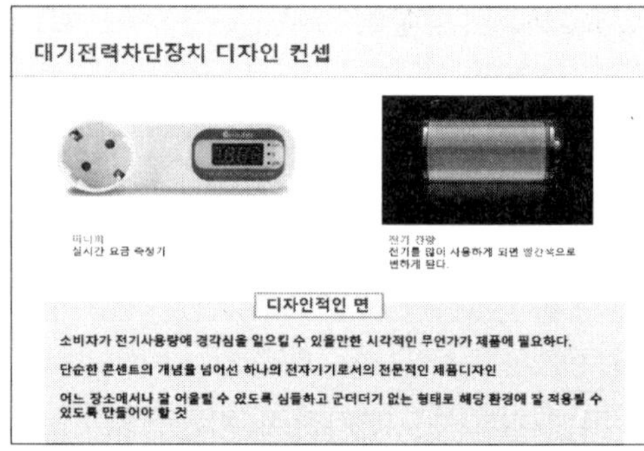

대기전력차단장치 디자인 컨셉
실시간 요금 측정기
전기를 많이 사용하게 되면 빨간색으로 변하게 된다.
디자인적인 면
소비자가 전기사용량에 경각심을 일으킬 수 있을만한 시각적인 무언가가 제품에 필요하다.
단순한 콘센트의 개념을 넘어선 하나의 전자기기로서의 전문적인 제품디자인
어느 장소에서나 잘 어울릴 수 있도록 심플하고 군더더기 없는 형태로 해당 환경에 잘 적용될 수 있도록 만들어야 할 것

경기도 이천과 흙이 만들어가는 세상

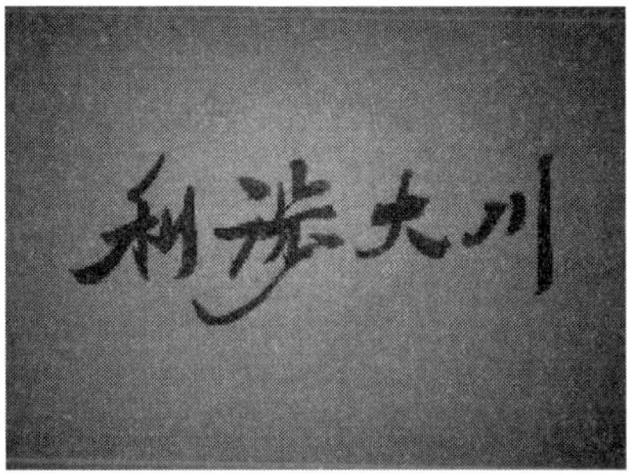

경기도 이천, 이 지명에 깃든 뜻은 사뭇 심오하다. 우리 한반도의 역사와 문화에 가장 오랫동안 그리고 가장 지대한 영향을 끼친 고전이 바로 중국의 사서삼경이다. 이 중 운명을 점치는 책으로 우리에게 잘못 알려진 '인간, 시간과 공간의 철학서'라 할 수 있는 주역(周易)에 이섭대천(利涉大川)이란 글귀가 여러 번 등장한다. 이 말은 '학문과 덕을 쌓고 몸을 기르면 험난한 과정이라 할 수 있는 큰 강을 건너듯이 공을 세울 수 있으며 천하를 이롭게 한다'라는 원래의 뜻이 내재되어 있다.

후삼국시대에 후백제의 견훤과 생사의 패권을 겨루던 고려 왕건이 당시 남천(南川)이라 부리던 이곳 북하천에서 지역 토호이던 이천 서씨의 조상뻘 되는 서목(徐穆)의 도움을 받아 홍수로 불어난 강물을 무사히 건너 전쟁에서 승리하고 이후 통일을 이룰 수 있었으므로 그 뜻을 주역에서 빌어 지명을 하사했다고 전한다.

이천은 오늘날 쌀과 도자기로 유명한 고장이다. 남한강 지류의 기름진 퇴적토양이 빚어내는 이곳의 자채(紫彩) 쌀은 예로부터 임금에게 진상되었다. 지금도 이천쌀은 임금님표란 브랜드로 전국 어느 매장에서나 경기미를 대표하여 국내 최고가에 팔리고 있다. 이곳에는 또 다른 쌀이 생산된다. 이른바 반도체라는 산업의 쌀이다. 하이닉스에서 생산되는 메모리 반도체는 세계 최고의 품질을 자랑한다. 그래서 두 가지 쌀은 한국을 대표하며 주역이 말하는 공간의 인연을 공유한다.

또한 이곳은 끊어졌던 조선 관요(官窯)의 도자예술을 재현하는 곳이기도 하다. 영롱한 청자와 질박한 분청 그리고 고결한 백자에 이르는 우리 전통 도자기가 가히 백화제방(百花齊放)의 봄을 맞아 세계로 수출되고 있다. 이곳에 해강요(海剛窯)를 세운 고 유근형 선생은 고려시대의 독창적이고도 세계 제일의 예술적 명품이었던 상감청자를 평생에 걸쳐 재현해 냈다. 오늘날 이천에는 또 다른 상감청자가 생산되고 있다. 그것이 바로 하이닉스의 메모리 반도체이다. 그런데 이 둘은 생산하기 위한 소재와 공정은 놀랍게도 닮아있다. 재료가 모두 흙이다. 청자는 고령토라 부리는 백토(白土)고 반도체는 모래에서 추출한 규석이다. 공정도 같다. 상감청자는 태토(胎土) 위에 그림을 그려 흙을 파내고 그 속에 백토나 흑토를 주입해 유약을 바르고 고온에 구워낸다. 반도체는 모래에서 채취한 규소를 녹인 웨어퍼 위에 회로 사진을 찍어 파내고 불순물을 주입해 고온에 구워낸다. 다만 도자기는 흙속에다 예술의 혼을 투영시키는 데 반해 반도체는 기술의 혼을 주입하는 것이 다를 뿐이다.

한반도에서 만들어낸 예술품 중에 고려의 상감청자만한 세계적인 것이 우리 역사에 언제 또 있었을까? 아울려 오늘날 세계 최첨단의 기술을 자랑하는 국가적 명품 중에 메모리 반도체만한 것이 또 있었을까? 이곳에서 탄생한 두 명품의 존재는 주역에서 말하는 시간의 인연을 관통한다.[66]

미래를 예측하는 학자들은 모래에서 만든 반도체와 또 다른 유리에서 새로운 삶을 개척하고 일반화될 것이라고 말한다. 또 다른 세계인 유리의 세계를 보자.[67]

---

66) http://blog.naver.com/shghkdnr/220198769096
67) Corning사의 Glass 관련 동영상

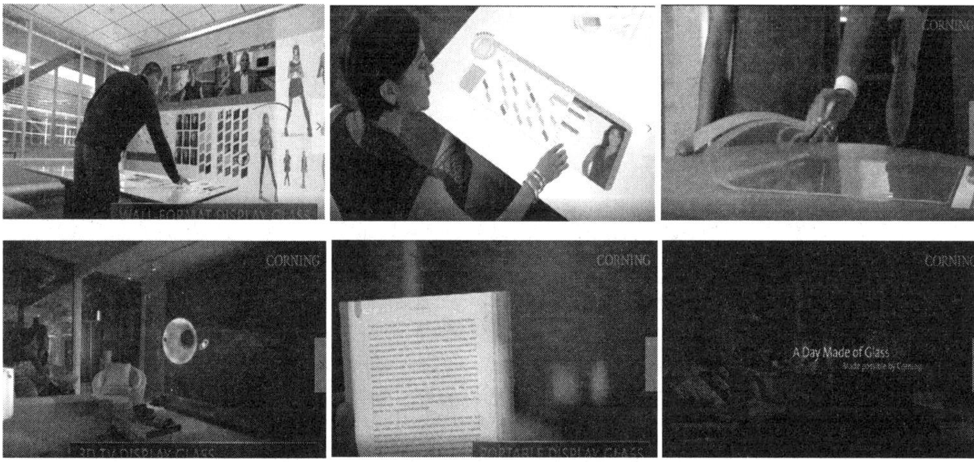
CORNING
A Day Made of Glass

생각하기 3

미래형 굴착기와 지게차[68]

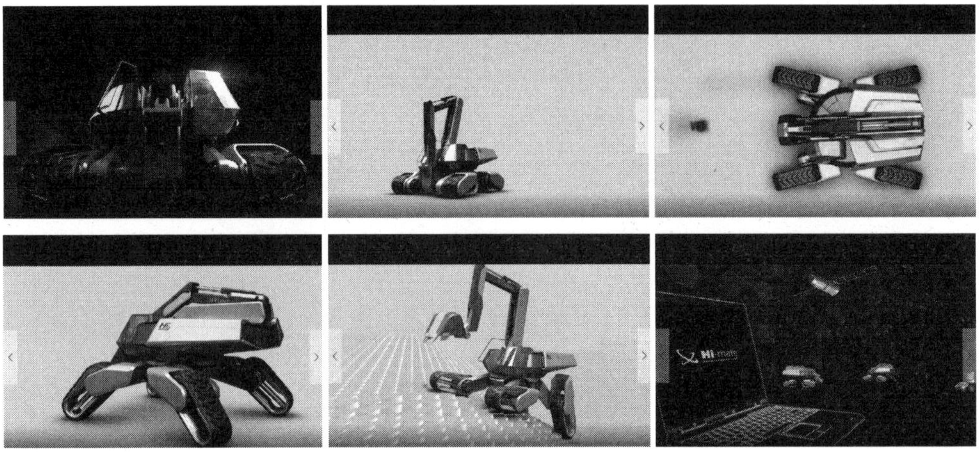

68) 현대중공업 관련 동영상

참고하기 1

역사에서 경영을 묻다

1. 진시황제와 이사

그림의 인물은 '진시황(秦始皇)'과 그의 일급 참조였던 '이사(李斯)'이다. 진시황은 기원전 2세기 중국 역사에서 최초로 통일왕조를 탄생시킨 군주이다. 전국시대에는 제자백가가 출현하고 전국칠웅이라 불리는 일곱 나라가 부국강병을 위해 국경을 넘는 인재의 영입 경쟁을 벌여 왔다. 그래서 나라를 경영하는 온갖 철학과 이론 그리고 외교 · 국방 전략과 신출귀몰한 병법이 난무하게 된다. 결국 외진 서쪽의 관중지역에 있던 진나라가 천하를 통일하게 된다.

그런데 진시황이 거둔 성공의 배경에는 초나라 출신의 재상인 이사라고 하는 탁월한 인재가 있었다. 야심적인 상인이었고 진시황을 왕위에 오르도록 만든 여불위(呂不韋)에게 발탁된 선비이자 성악설로 유명한 전국시대 철학자 순자(荀子)의 제자였다. 이사 역시 인재의 개방과 포용의 정치를 주장한 참모였다. 당시 이사가 승상으로 승진하자 왕족과 진나라 출신의 내신들이 시기하고 경계를 하게 된다.

때마침 나라 안이 발칵 뒤집힌 간첩사건과 국기 문란사건이 벌어진다. 한나라 출신 정국(鄭國)이란 자가 관개와 치수를 이유로 나라 재정을 온통 다 쏟아 붓는 대규모 토목사업과 대운하 공사를 벌인다. 그런데 그가 진의 국력을 피폐시켜 망하게 하려는 이웃 한나라의 음모를 추진한 첩자였다는 사실이 밝혀진다. 이어서 더욱 기막힌 국기 문란사건이 발생한다. 여불위가 진왕의 생모인 태후와 위험한 내연의 관계를 중단하기 위해 장안에서 정력과 심벌이 좋기로 소문난 노애(嫪毒)를 환관으로 위장시켜 관계를 맺어준다. 그러자 열애에 빠져버린 태후가 임신을 하자 위장한 실세의 환관 노애는 국정을 농단하다 결국 반란을 일으키는 사태가 발생한다. 난이 진압되면서 왕족과 대신들은 기다렸다는 듯 진나라 안의 모든 외국인에 대해 축출을 건의하고 급기야 진왕은 추방명령(축객령)을 내린다.

그러자 이사는 진나라가 장차 중국을 통일하기 위해서는 결코 이렇게 해서는 안된다고 간언한다. 그것이 저 유명한 간축객서(諫逐客書)이다. 이 짧은 글귀는 당시 야심찬 진시황의 마음을 움직이는 감동적인 명문의 일부이다.

'태산불사토양 하해불택세류(泰山不辭土壤 河海不擇細流)'

즉 태산은 한 줌의 흙도 마다하지 않기에 비로소 거대할 수 있으며, 황하와 바다는 작은 샛강의 물도 가리지 않기에 그 깊이를 유지할 수 있다는 말이다.

이사는 출신성분과 지역을 따지지 않는 오로지 능력 중심의 개방적 인재 등용만이 천하를 통일할 수 있는 가장 확실한 정도라고 주장하였다. 그런 20년 후 진나라는 드디어 중국을 통일하고 진왕은 스스로 중국 최초의 시황제에 등극하게 된다. 하지만 이사는 만년에 생각이 탁해지고 노욕에서 자신을 지키지 못해 비참한 최후를 맞게 된다.

2. 징기스칸과 야율초재

'징기스칸(成吉思汗)'과 그의 책사 '야율초재(耶律楚材)'이다. 북미나 호주 등 신대륙을 점령했던 대영제국을 제외하면 전쟁을 통해 지구상에서 가장 거대한 영토를 정복한 나라가 대몽골제국이다. 무자비하고 호전적인 정복자의 휘하에도 유능한 참모가 있었다. 바로 야율초재라는 거란족 출신의 보기 드문 인재였다. 유불선을 꿰뚫는 철학과 역사, 천문과 지리, 수리에 밝은 이 젊은 지식인은 북경이 함락될 때 그의 인물됨을 알아본 징기스칸에 의해 발탁되어 유럽을 원정하던 6년간을 정복자의 곁에서 전략을 보좌하며 대성공을 거둔다.

중국의 사가들은 '삼국시대 촉국의 유비에게 제갈량이 있었다면 징기스칸에게는 야율초재가 있다'고 말할 정도였다. 문명이 부재하던 유목민족의 지배층에게 학교를 만들어 교육시키고 중국의 우수한 학문과 정치 그리고 중앙과 지방의 관제와 조세제도를 도입한다.

당시 몽골군의 전쟁 수행에는 어김없는 한 가지 원칙이 있었다. 항복하는 도시의 주민은 모두 살려주되 저항하는 도시는 가축과 풀 한 포기조차 남기지 않고 무자비하게 불태워 도륙하는 이른바 '도성(屠城)의 원칙'이다.

그러나 야율초재는 금나라 수도 개봉을 점령했을 때 정복자 오코타이[69]를 끝까지 설득하여 140만 인구를 도성의 화에서 구해낸다. 이 일은 중국의 역사에 높이 평가받게 된다. 어쩌면 무식하고 전쟁 밖에 모르던 유목민의 부족국가 몽골이 유라시아의 대제국을 건설하고 중국마저 통일하여 108년 동안 세계를 통치할 수 있었던 것은 바로 인재 개방과 능력 중심의 리더십을 펼치도록 설득하고 계몽한 인문철학자 야율초재 덕분이었다.[70]

---

69) 몽고제국 제2대 황제(재위 1229~1241), 묘효는 태종이고 칭기즈칸의 셋째 아들이며, 오코타이한국의 시조다. 어려서부터 아버지를 따라 싸움터를 돌아다녔고 특히 서아시아 원정 때는 호라즘국의 수도 우르겐티성을 공략하는 큰 공을 세웠다. 성격이 관대, 온후하고, 왕자로서의 인품을 갖추고 징기즈칸의 신뢰를 받고 일찍부터 후계자로 지목되었다.(중국역대인명사전에서 인용)

70) http://blog.naver.com/shghkdnr/220198769096

참고하기 2

'50년 안에 로봇에 일자리 빼앗긴다'

KBS NEWS

"50년 안에 로봇에 일자리 빼앗긴다"

멀티미디어 뉴스

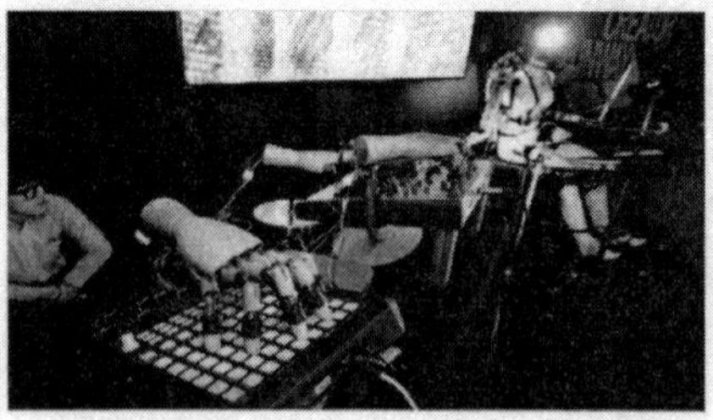

"로봇이 인간의 일자리를 빼앗아갈 것이다" 미국인들 사이에 이같은 우려가 확산되고 있는 가운데 공교롭게도 구글의 인공지능 알파고는 바둑 최강 이세돌 9단에 잇따라 승리했다.

미국 여론조사기관 퓨리서치센터가 미국 성인 2천 명을 대상으로 설문조사해 10일(현지시간)발표한 결과를 보면 응답자의 65%가 앞으로 50년 내에 로봇이 현재 인간이 하고 있는 일자리 대부분을 대체할 것이라고 내다봤다.

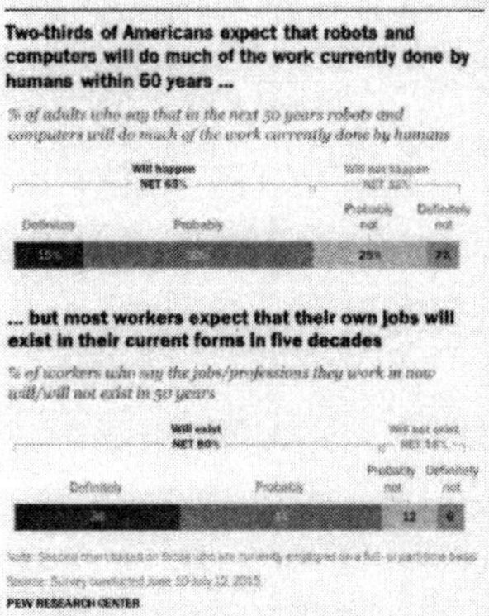

퓨리서치센터 여론조사 결과 인포그래픽

확실히 그럴 것이라는 답변이 15%, 아마 그럴 것이다는 답변은 60%였다. 반면 아마도 그런 일이 없을 것이라고 응답한 이들은 25%, 절대 그런 일이 없을 것이라고 보는 이들은 7%를 차지했다.

앞으로 50년 안에 자기 직업이나 업무가 계속 존재할 것 같으냐는 질문엔 80%가 그럴 것이라고 응답했다. 그런 추세가 확실하다고 본 이들이 36%, 아마도 그럴 것이라는 이들이 44%로 나타났다.

올해 1월 열린 세계경제포럼에서는 로봇과 인공지능, 유전학, 생명공학, 3D 프린팅 등의 발달로 제4차 산업혁명이 일어나 전 세계에서 2020년까지 일자리 510만 개가 사라질 것이라는 전망이 나왔다.

로봇이 인간의 일자리를 빼앗아갈 것이다. 미국인들 사이에 이 같은 우려가 확산되고 있는 가운데 공교롭게도 구글의 인공지능 알파고는 바둑 최강 이세돌 9단에 잇따라 승리했다.

미국 여론조사기관 퓨리서치센터가 미국 성인 2천 명을 대상으로 설문조사해 10일(현지시간) 발표한 결과를 보면 응답자의 65%가 앞으로 50년 내에 로봇이 현재 인간이 하고 있는 일자리 대부분을 대체할 것이라고 내다봤다.

확실히 그럴 것이라는 답변이 15%, 아마 그럴 것이다는 답변은 60%였다. 반면 아마도 그런 일이 없을 것이라고 응답한 이들은 25%, 절대 그런 일이 없을 것이라고 보는 이들은 7%를 차지했다.

앞으로 50년 안에 자기 직업이나 업무가 계속 존재할 것 같으냐는 질문엔 80%가 그럴 것이라고 응답했다. 그런 추세가 확실하다고 본 이들이 36%, 아마도 그럴 것이라는 이들이 44%로 나타났다.

올해 1월 열린 세계경제포럼에서는 로봇과 인공지능, 유전학, 생명공학, 3D 프린팅 등의 발달로 제4차 산업혁명이 일어나 전 세계에서 2020년까지 일자리 510만개가 사라질 것이라는 진망이 나왔다.[71)]

71) 2016. 3. 11일자 KBS 뉴스 보도자료

참고문헌

권영걸, 나의 국가디자인전략, 김영사, 2013
김경희, 게슈탈트 심리학, 학지사, 2000
김영채, 창의적 문제 해결 : 창의력의 이론, 개발과 수업, 서울:교육과학사, 1999
김중태, 욕망을 측정하라, 미래의 부를 지배하는 소비자욕망의 측정법, 한스미디어, 2012
문용린, 평범한 사람도 비범한 성취를 가능케 하는 지력혁명, 비즈니스북스, 2016
사카오 나오키 저, 정영희 역, 물건의 진화론 디자인의 꼴, 디자인하우스, 2008
오치규, 디자인 사랑하기, 궁미디어, 2012
유선경, 문득 묻다(첫 번째 이야기), 지식너머, 2015
이혜정, 서울대에서는 누가 A+을 받는가, 다산에듀, 2014
정경원, 소통하는 강의를 위한 토의수업 전략과정, 한국대학교육협의회 고등교육연수원, 2016

경찰청, '아는 만큼 보입니다' 보고서
문화재청, 경복궁 동십자각 실측 보고서
박석무, 다산연구소 제952회 사설
하동군, 하동관광산업 스토리텔링 프로젝트 스토리텔링 대상지 정비 기본계획 연구보고서
한국관광공사, 관광스토리텔링 그 빛을 발한다

현대중공업 굴착기와 지게차 관련 동영상
Corning사의 Glass 관련 동영상

EBS역사채널e, 2017. 01. 01. 한증막으로 이어진 백성의 진료소, 한증소
KBS, 2015. 05. 17. 뉴스보도
KBS, 2016. 03. 11. 뉴스보도
KBS, 2016. 12. 27. 뉴스보도
KBS, 2017. 02. 21. 보도내용
KBS에서 주한 부탄 대사인 소남 톱덴 랍게와의 대담 내용

경남일보 2013. 11. 05. 디자인에 대해 다시 생각해 보자
경남일보 2013. 11. 26. 계획과 순서에 근거한 디자인만이 살 길
경남일보 2013. 12. 02 재미있는 숫자 이야기
경남일보 2013. 12. 03. 감성디자인으로 나아가자
경남일보 2013. 12. 10. 이야기를 디자인하여 각인시키자
경남일보 2013. 12. 17. 왼손잡이 사회를 대비하자

경남일보 2013. 12. 24. 낙미애진의 디자인으로 선도하자
뉴스천지 2012. 06. 23. 아사히야마 동물원 이야기
문화뉴스 2017. 03. 17. (박정기의 공연산책) 연극성, 음악성, 대중성 고루 갖춘 연극 아마데우스
한겨레신문 2012. 12. 12. (한겨레 인터뷰) 박지성, 신체지능만 높다면 성공 못했죠
한겨레신문 2017. 04. 11. (나는 역사다) 인류 최초 우주로 가다

Mumford, M. D, Where have we been, where are we are going? Taking stock in creativity research. Creativity Research Journal, 15, 2003
Paul Toumier, Creative suffering,

http://blog.daum.net/blueletter01/7638937
http://blog.daum.net/komerichan/3280910
http://blog.daum.net/kyc8877/831
http://blog.naver.com/jaasi63/20122947518
http://blog.naver.com/ksb115205/220918882023
http://blog.naver.com/mylifeising/100042650973
http://blog.naver.com/PostView.nhn?blogId=kq_young93&logNo=220787283829
http://blog.naver.com/shghkdnr/220198769096
http://book.naver.com/bookdb/book_detail.nhn?bid=6077513
http://cafe.daum.net/tgtn/T7VV/29?q=%BF%B9%BD%C3%B9%D9%20%B5%B5%BC%AD%B0%FC%20%B5%BF%BF%B5%BB%F3
http://cafe.naver.com/mcsmc/866
http://cafe.naver.com/sohyangch/720
http://ebsstory.blog.me/220575510357
http://hanwoo0203.blog.me/220464265955
http://navercast.naver.com/contents.nhn?rid=116&contents_id=6948
http://ppss.kr/archives/84380
http://terms.naver.com/entry.nhn?docId=2843685&cid=47317&categoryId=47317
http://terms.naver.com/entry.nhn?docId=812101&cid=42687&categoryId=42687
http://terms.naver.com/entry.nhn?docId=917019&cid=50801&categoryId= 50803

부 록

창의적 발상 실습일지 (제출용)

작 성 표

1. 대한민국은 행복한 나라인가?

1) 1위 15위 30위 45위 60위 75위 90위 105위 120위 135위 156위

2) ① 1위 4위 8위 12위 15위 18위 21위 25위 29위 32위 36위

② 1위 4위 8위 12위 15위 18위 21위 25위 29위 32위 35위

③ 1위 4위 8위 12위 15위 18위 21위 25위 29위 32위 35위

④ 1위 4위 8위 12위 15위 18위 21위 25위 29위 32위 36위

2. 대한민국은 경쟁력이 있는 나라인가?

1) 1위 5위 10위 15위 20위 24위 29위 34위 39위 43위 47위

2) 1위 6위 12위 18위 24위 31위 37위 43위 49위 55위 62위

3. 대한민국은 문화강국인가?

1) 1위 5위 10위 15위 20위 25위 30위 35위 40위 45위 50위

2) 1위 5위 10위 15위 20위 25위 30위 35위 40위 45위 50위

3) 1위 5위 10위 15위 20위 25위 30위 35위 40위 45위 50위

4. 대한민국 국민의 뇌력은 어떠한 수준인가?

1) 1위 18위 36위 54위 72위 90위 108위 126위 145위 164위 185위

2) ① 1위 4위 8위 12위 15위 18위 21위 25위 29위 32위 36위

② 1위 4위 8위 12위 15위 18위 21위 25위 29위 32위 36위

3) 1위 4위 8위 12위 15위 18위 21위 25위 29위 32위 36위

절취선

5. 대한민국은 국민의 창의성을 신장시키는 나라인가?

1) 1위 8위 16위 24위 33위 41위 49위 57위 65위 73위 82위

6. 대한민국에서 어린이와 노인은 존중되고 있는가?

1) 1위 3위 5위 7위 10위 12위 15위 17위 19위 21위 23위

2) 0% 10% 20% 30% 40% 50% 60% 70% 80% 90% 100%

3) 1위 9위 18위 27위 36위 45위 54위 63위 72위 81위 91위

① 1위 4위 7위 11위 14위 17위 20위 23위 26위 30위 34위

② 1위 9위 18위 27위 36위 45위 54위 63위 72위 81위 91위

7. IT강국 대한민국의 위상은 확고한가?

1) 1위 10위 20위 30위 40위 50위 60위 70위 80위 90위 100위

2) 1위 10위 20위 30위 40위 50위 60위 70위 80위 90위 100위

3) 1위 10위 20위 30위 40위 50위 60위 70위 80위 90위 100위

8. 대한민국은 건강하고 지속 가능한 나라인가?

1) 1위 14위 28위 42위 60위 73위 87위 101위 116위 131위 146위

2) 1위 10위 20위 30위 40위 50위 60위 70위 80위 90위 100위

9. 진정 우리의 소원은 통일인가?

1) ① 0% 10% 20% 30% 40% 50% 60% 70% 80% 90% 100%

② 0% 10% 20% 30% 40% 50% 60% 70% 80% 90% 100%

2) ① 0% 10% 20% 30% 40% 50% 60% 70% 80% 90% 100%

② 0% 10% 20% 30% 40% 50% 60% 70% 80% 90% 100%

학과

최근 읽은 책 또는
본 영화 중 추천하고 싶은 것

이 름

가장 좋아하는 단어와
가족관계 및 출신학교, 지역

취미 및 특기

절취선

명목집단법(NGT) 실습일지

○ 제 조

○ 팀 원 명 :

○ 제출일자 : 년 월 일

1. '이 계절을 재미있게 즐기는 방법은 무엇일까?'라는 주제에 대해 제시된 내용 작성하기

2. 제시된 의견을 그룹군으로 분류 및 구별하기

절취선

3. 각 그룹군으로 제목 작성하기

4. 제목을 중심으로 한 문장으로 서술해 보기

브레인스토밍(brainstorming) 실습일지

○ 제　　조

○ 팀 원 명 :

○ 제출일자 :　　　년　　　월　　　일

1. '우유'라는 주제에 대해 도출된 대표 단어 선정하기

2. What to say 작성하기

3. How to say 작성하기

절취선

브레인스토밍(brainstorming) 실습일지

○ 제 조

○ 팀 원 명 :

○ 제출일자 : 년 월 일

1. '진주(晉州)'라는 주제에 대해 도출된 대표 단어 선정하기

2. What to say 작성하기

3. How to say 작성하기

절취선

표적집단면접법 실습일지

질문자 : 학과　　　　　　학번　　　　　　이름

응답자 : 학과　　　　　　학번　　　　　　이름

주제 : Fish is fish

제목	분석	예시질문
1. 기억 (remembering)	질문 :	- 영상에서 본 다섯가지 새로운 단어를 써보세요 - 주요 등장인물은 누구입니까?
2. 이해 (understanding)	질문 :	- 주인공은 문제점을 어떻게 해결했나요? - 주인공은 어떤 고민을 했나요?
3. 적용 (applying)	질문 :	- 비슷한 일을 겪어 본 적이 있는가? - 만약 주인공을 만난다면 나는 어떤 반응을 보일까?
4. 분석 (analycic)	질문 :	- 영상에 나오는 두 주인공을 비교해 보세요 - 주인공을 하나의 단어로 표현한다면? 그 이유는?
5. 평가 (evaluating)	질문 :	- 저자는 사람들이 이 영상을 어떤 목적으로 이해하기 원했을까요?
6. 창작 (creating)	질문 :	- 새로운 이야기를 써 보세요 - 영상 이후에 주인공은 어떻게 되었을까요?

절취선

표적집단면접법 실습일지

학과 : 학번 : 이름 :

1. 그 후 스토리를 요약하기

2. 다른 사람의 의견을 청취하기

3. 수정 보완하기

절취선

동기적 발상에 따른 창의력 실습일지

팀원 : 학과 A 학번 : 이름 :

B

C

D

주제 : 세종대왕은 형편이 어려운 환자들을 돕기 위해 국비로 한증막을 짓고 한증치료를 받기 위해 '한증소(汗蒸所)'를 설치하였다.

1. 팀원 각자가 이야기의 핵심을 한 문장으로 적으세요?

A

B

C

D

2. 의견교환을 통해 팀의 이야기 핵심을 한 문장으로 적으세요

절취선

3. 핵심을 기반으로 이야기를 서술하세요(300자 이내)

논리적(수리적) 발상에 따른 창의력 실습일지

학과 : 학번 : 이름 :

1. 소개된 논리적(수리적) 발상법에 따른 사례를 보고 느낀점을 기술해 보세요.

2. 나의 주변에서 논리적(수리적) 발상법을 적용할 수 있는 사례를 기술하세요 (300자 이내)

절취선

■ 찾아보기

창의적 발상

초판인쇄 | 2017년 8월 17일
초판발행 | 2017년 8월 22일

저 자 | 조용수
발 행 인 | 이성범
발 행 처 | 문운당
주 소 | 서울시 종로구 혜화로5길 16 (명륜1가 45-3)
전 화 | (02)762-6010
팩 스 | 영업 (02)745-0265 / 편집 (02)762-8758
이 메 일 | 영업 munun2@chol.com
편집 munundang@naver.com
홈페이지 | http://munundang.co.kr

ISBN 979-11-5692-317-6 93540

정가 18,000원